明公啟示錄

范明公解密

道德經 ④

——從帛書《老子》領略人生的取捨與平衡

范明公著

【目錄】

【自序】
歷史上最難解讀的經典

　　《道德經》這部經典，是中華歷史上最難解讀的一部經。因為人類從起源到現在，經歷了非常漫長的歷史階段，而其中有很多階段是我們不瞭解甚至不知道的。朝代更迭，時過境遷，隨著事物的發展變化，現代人已經無法理解《道德經》講的是什麼，也就不知道老子為什麼要寫這一部經。

為何道德經的解讀既困難又容易？

　　現代人所瞭解的文明，是從有文字記載才開始的。當文字變更或者泯滅，現代人所謂的文明就不存在了。在全世界當中，有文字記載、而且文字一直延續到現在的古文明，只有中華文明。中華的文明史是上下五千年，這就意味著現代人最多只能看到五千年左右的歷史記載。

　　然而《道德經》出現於大約兩千五百年前，它記載的是人類文明史之前的那些歷史階段發生過的事、傳承下來的哲理、宇宙的真相以及規律。現代人要解讀兩千五百年前

的經典，當然是非常困難的。但是同時，《道德經》又是最容易解讀的，因為大家都不知道它在講什麼，沒有解讀的標準，所以怎麼解讀都是對的，既不能證偽，也不能證實。

現代研究《道德經》的學者，都是以古人的批註和著書為標準。從古至今，絕大多數人都是從字面上來解讀《道德經》，分析每個字的涵義，由此來解釋全篇。但是中華的文字有一個特點，每一個字都是獨立和立體的。幾個字合到一起，看似形成了一句話，但是這句話可不只是表達了一個意思。因為每一個字都是立體的，包含了很多層涵義，所以十個字合在一起，涵義就成了十次方，就能構成一個非常廣博的世界。如果從文字這個角度去解讀，我們沒法說哪個涵義是對的，或者哪個解釋是標準的，這就是中華文字的特點。所以中華的經典是絕對不可以從字面上去解讀的。

經典的每一句話都有無窮的涵義，如果不能從字面上解讀，那應該怎麼解讀呢？從字面上解讀出來的涵義，一定是最淺顯的，一定不代表經典真實的涵義。但是經典真實的涵義，也是不可能精確地解釋出來的，因為它是有深度的，而且這個深度是層層遞進的。同樣的一部經典，每

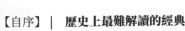
個人的解讀都完全不同，但也都是經典的涵義。《道德經》
又是這一類經典的典型代表作，這就是解讀它既困難又容易
的道理所在。

瞭解起源才能掌握道德經的真意

儒學則不同。為什麼稱孔子為至聖先師，廣開教化之
門？因為儒學的那些經典就是要落實，就是要傳聖王之道，
傳經邦濟世之學。儒學是世間的學問，讓人成為仁者，成為
聖王。儒學的目的就是把天道轉化成綱常，再形成社會的
倫理道德，讓大家在禮、規、制上去遵行。所以儒學容易
解讀，也很容易去奉行，比如教人從孝開始一步步做起，
特別適合應用。

但是像《道德經》這樣的經典，就讓人解讀時不知從
何下手。大家都是從字面上解讀它，都解讀得含含糊糊。
漢字是立體的，幾個字相加就是無限的涵義，廣博深邃，
讓人難以窺探其中之奧秘。尤其是現代人用白話文去解讀
它，就相當於把一個立體的東西鋪成了平面，甚至是把平
面也變成了線。一條線不可能代表一個立體，但是我們沒

有辦法，只能這樣解讀。

　　所以我對《道德經》的解讀，僅僅是我的一家之言，不代表《道德經》就是這個意思。《道德經》裡有太多層的意思，解讀時難就難在這裡。即使你的思想境界達到了和老子相同的高度也不行，因為老子也不一定明白《道德經》說的是什麼，他的解讀也僅僅是一知半解。

　　《道德經》是老子寫的，為什麼說連他都不一定懂？問題就在，《道德經》真正的起源是什麼。知道了這個答案，才能夠解讀出《道德經》裡的真相和規律，用它來指導我們現實中的人生和精神上的修行。

第一章

循陰陽之理，掌握平衡與時機

——《道德經》第三十六章

為何欲擒故縱能成功？

為何柔弱反而勝過剛強？

任何人、事、物，為何一到巔峰就會走向衰弱？

《道德經》第三十六章再次揭櫫了陰陽轉化的規律。

第一節　靜候天時，天時地利人和

《道德經》第三十六章

【 欲將擒之，必故張之；將欲弱之，必故強之；將欲去之，必故舉之；將欲奪之，必故予之，是謂微明。柔弱勝剛強，魚不可脫於淵，國之利器不可以示人。 】

　　帛書《老子》分成道經與德經兩半。普世流行的版本是道經在前、德經在後。這章講解的第三十六章與第三十七章，正是道經的最後兩篇。

　　第三十六章探討的依舊是人該如何運用陰陽之道來行事；只不過，這裡講的是陰陽消長與轉化的一個規律：無論做什麼事，都不能直來直往。而第三十七章則再次強調了「無為」與「有為」之間的關係。說到底，這兩章還是在談現實生活中該如何應用「道」來做人行事。

欲擒故縱，陰陽之理

《道德經》第三十六章講的內容，都是在某種特定的前提之下我們該採取的智慧。以下逐句解析。

【欲將擒之，必故張之】。從字面來看，這句跟欲擒故縱的道理相通。其實，這個規律一直出現在《道德經》裡，例如在前面提到第二十二章的「曲則直，妄則全」（見《范明公解密道德經3》）。那麼，這裡的「將擒之，必故張之」究竟是什麼意思？擒是抓緊的意思。我們若想抓緊、抓住或擒住某樣物品，手掌得先張開才能做出抓取的動作。也就是說，必須先放開了才能緊緊抓住。如果手掌不張開、不放開對方的話，攥著拳頭是抓不了任何東西的。

當一個人有意識地放開目標，其實是為了更好地去抓住它。這個「欲擒故縱」的規則其實也是一種做人做事的處世智慧，也就是道的應用。為什麼？因為，當我們對手自以為很安全的時候，就會特別地放鬆、懈怠、沒有防備。我們若在這時出其不意地伸出手，對方就會一下子被牢牢抓住而跑不了。這就是陰陽的運用！

現實中所有事物都會順應陰陽的消長與轉化。老子在這裡告訴我們物極必反的規律。當陽盛陰衰的時候，如果陽再盛一點，整個事態就會轉化，反而導致陰開始變強起來。所謂的「盛」也是有頂點的。任何人事物在達到巔峰之前，那就是一味地盛的狀態；不過，一旦到達頂點或超過巔峰了，盛就會立即轉為衰。所謂的勝利、成功，也可能會在瞬間就變為失敗。歷史上這類例子太多了！

所以，當我們讓對方放鬆到極點，也就是當對方完全放鬆、不受制約了，就會認為自己徹底安全，人在這種狀態下容易看不清現實，然後就容易變得任性、狂妄。人愈是任性、狂妄，在言行與決策方面的漏洞就會愈多。因為他這時覺得自己已經非常安全了，所以啥都不在乎，什麼都無所謂。其實，這時候反而更容易被人抓住把柄，甚至被一擊置死。

因此，「欲將擒之，必故張之」這句話提點我們：當你在世間有了名、有了利，有了一定的身份，就會成為被別人關注的目標。那麼，當我們愈是榮華富貴，名聲愈大，獲得的利益愈是豐厚，就愈要知道收斂、謹慎做事。

站得愈高，反而愈要戰戰兢兢、如履薄冰，更要知道低調收斂。只有這樣才能長久，只有這樣才能不被別人抓住把柄與漏洞。這就是陰陽的道理：站得愈高，就要愈收斂，愈卑下、低調不張揚。

不爭無為，也能贏得漂亮

「將擒之，必故張之。」也是一種治人的智慧。昔日唐太宗想要滅掉突厥，就說了這麼一句：「天欲其亡，必令其狂」。這句裡頭的「令其狂」，道理就跟「必故張之」一樣。

人際間有種高明的治人術叫做「捧殺」。你要整治誰、想讓誰滅亡，最好的方法並不是窮盡辦法去直接整治對方，而是「捧殺」。尤其當雙方勢均力敵的時候，彼此廝殺的結果不過是「殺敵一千，自損八百」而已，搞得兩敗俱傷，沒有一方能獲得好處。

所以，最好的方法就是「捧殺」。奉承對方，讓對方忘乎所以，讓對方言行變得張揚、高調。你把對方捧得愈高，對方的心態離地愈遠，愈不踏實，就愈會漏洞百出。等

對方心態高到了一定程度，如果還不自知收斂，心態依舊繼續往上飄，摔下時必定粉身碎骨。

「將欲將擒之，必故張之」也是一種不爭的智慧。想在社會上獲致成功，沒有不爭的。但，爭只是一種手段，爭也有境界高低之別。聖人是「不爭而爭」：真正得道的人（聖人）看似跟大家都不爭，但是，所有競爭對手都會敗在他手裡。是怎麼敗的？聖人絕不會跟人產生正面衝突或直接去傷害別人，也不會耍陰謀詭計。因為聖人已經得道、深諳大道之理，所以，在現實生活中會運用陰陽的道理，即使不爭，也能不知不覺地消滅對手或是一些不利自己的因素。與其說對手是被聖人消滅的，不如說對方是被自己的狂妄之心與永無止境的貪欲給消滅的。聖人只不過是順應了陰陽之理，利用對手的弱點來致勝。

第二節　循道而行，方能獲致成功

大道本身具有肅殺與懲罰的一面。不僅於此，大道還能顯現它的大威力。但是，大道的肅殺以及那種嚴寒、凜冽的懲罰都是符合規律的，大道不會跟你硬來。所以，我們學《道德經》，不僅要學「出世間」的智慧，也要學習「世間」的智慧。

出世間的智慧要求我們放下，讓自己清靜、無為。不過，所謂的清靜無為並非代表什麼都不做，出世間的智慧絕不會妨礙世間的功成名就。

我們不僅要擁有出世間的智慧，同時還要具備世間的大智慧，也要有生存於世間的手段。但是，這種手段並不是那些低級的手段：與人爭鬥、發生衝突、使用暴力彼此殺伐，比較誰的胳膊粗或力氣大、比較誰更暴虐……。

聖人並非毫無手段，得道之人也並非不懂得世間的智慧；只是，他們在世間的一切行為及修行都會符合道的規律。

競爭，是世間的生存法則

【將欲弱之，必故強之】這也是陰陽轉化的一個規律。

現實中的任何人、任何組織，必定有其競爭對手，這就是人類現實中的叢林法則：大家為了生存、繁衍，為了得到更多的資源而彼此爭鬥。可以說，任何一位成功者都是在無數失敗者鋪就的路走過去的。所以，我們學這些智慧，首先就要保證自己的生存、傳承與繁衍。

我們必須是成功者。學習《道德經》，並不是為了在現實生活中什麼都無欲、無求、無取，然後處處都是失敗者。雖然我們經常示弱、經常受委屈、經常忍辱，但這些全都是為了未來更長久的成功。

我們必須清楚這個區別！可不是說學了道以後就甘於失敗，就任人宰割，就只知收斂、深藏，沒有力量──收藏力量並不等於沒有力量！所以，學道一定要弄明白：我們並非不要，只不過是暫時放下小欲而已。因為我們追求的是大願，所以要放下眼前的小成功。長遠的、可傳承的、宏大的偉業，那才是聖人的事業，因此我們必須在弱與強之間取捨。

比如，吳國在春秋末期特別強大，甚至一度成為諸國霸主。當越國被吳國打敗之後，越國想報仇，但是，吳國是那麼地強大，該怎麼取勝呢？當時的越國還很弱小，這時候不可能跟吳國硬碰硬。如果硬碰，就等於拿雞蛋砸石頭——有去無回。所以，這時越國採取了什麼措施呢？就是人人熟知的臥薪嚐膽。越王勾踐不僅臥薪嚐膽，還阿諛奉承吳王夫差，讓夫差自信心爆棚，變得愈來愈目中無人，最後就完全地放鬆警惕，絲毫不戒備越國了。勾踐天天誇吳國強大，天天吹捧吳王夫差強大；最後，夫差也認為自己已經是天下無敵，因此瞧不起任何國家與任何人。

當夫差強大了到一定程度，夫差的致命弱點、罩門也就跟著曝露出來。任何事情都是物極必反，勢力的強弱也是如此。當強壯達到頂點的時候，事態必然會翻轉。

得道者，天地人皆來襄助

軍事上也經常運用道的這個規律，可從歷史看到一些軍事奇才，他們發動的戰役都以少勝多，還說打仗不在人多，關鍵是天時地利與人和。所謂的天時，就是好機會、合

適的時機。當對方國力正處於上升勢頭、軍力逐漸增強的時候，對方必定所向無敵，懂得應用天道的軍事家就會按兵不動；因為，相對弱勢的我方這時就該收斂、深藏、示弱，靜待天時之變。

什麼叫做「天時之變」？當對手強到了一定程度，已達頂點了還不知收斂地繼續強壯下去，因為物極必反的道理，對手在這裡馬上就會面臨大翻轉；等到對手暴露出致命弱點的時候，這個時間點就是所謂的「天時」。我們必須抓住這個時機！在此之前則要將力量積蓄起來並且隱藏不漏，等待合適時機來臨，就順著地利與人和，發揮積蓄多年的豐沛力量，一舉擊潰對方。

不管做什麼，一定都是「得道者多助，失道者寡助」（註）。那麼，「得道的人」都是由誰來襄助呢？天助、地助、人助，這就叫做「得道多助」。

*註：語出《孟子‧公孫醜下》，原文為「得道者多助，失道者寡助。」意指站在道義的一方來行事，能獲得更多的支持和幫助。此句後來衍生為成語「得道多助」。

我們必須清楚這一點：「得道多助」裡的「得道」可不是積德行善！很多人都會把「得道」理解成：平時與人為善、有成人之美，這種有德的言行就是「得道」；然後，因為我有德行，所以大家都歸順我、希望我成王。

這樣詮釋「得道」就錯了！其實，「得道」的真正意思是：陰陽規律是大道運行的法則（道），掌握這種法則就是「得道」。「得道」無關行善與德行。當然，我們有時候必須要施恩、不爭……，這些表現都得循著道之規而行，都是在掌握了大道的陰陽消長與轉化之後，因為瞭解天道規律，才在現實生活中運用這些法則。所以，我們做事必須要有天時、地利與人和，這才是順應天道！

合時宜，才是順道而行

不管是想去壓下或徹底消滅某個人事物，我一開始反而要把對方舉得高高的，這也就是剛才提過的「捧殺」。當對方已經很強大，我們打不過對方時，就要讓對方變得更強大，這就是智慧。

也許有人要問：「如果對方還不夠強大的話，我該怎

麼辦呢？」請問，如果對方不強大，你為什麼要「去之」（除掉對方）呢？針對的目標一定都是夠強、夠高了，這才是我們的競爭對手；而且，當我們處於弱勢的時候才會運用這種智慧。請各位切記！在運用《道德經》裡面的智慧時，不要生搬硬套。在現實中並非全都按照這個規則來行事。比如，學了《道德經》第三十六章第一句：「欲將擒之，必故張之」，並非說我每次想要掌握、控制任何人事物的時候，一定都要先去放鬆對方，採取欲擒故縱的策略。這樣做就太死板了，根本不符合道的原則。道的形式是變換不拘的，但，道又具有恆常之理，我們必須要拿捏箇中原則。

那麼，在什麼情況下才該運用這種欲擒故縱的智慧？試想，如果對方很容易就被我抓到、控制的話，還需要「必故張之」嗎？直接抓住就對了。如果我是相對比較強大的一方，根本不需要這麼做。那麼，「將欲弱之，必故強之」的應用時機也是如此。如果，對手本來就不如我，我是相對較有力的一方；那麼，我在這種情況之下就有了話語權，我想削弱對方，直接削弱就行了。根本不需要「欲擒故縱」、「捧殺」這些手段。

《道德經》第三十六章講的這些手段，施行的前提是：對手比我強大，或至少是勢均力敵的情況，才會運用道的這項規則去戰勝對方。

道似水，水無形無勢；但，道也非沒有定位，這就是道的恒（同「恆」）常性。所以，我們不要學死了，必須明白在什麼情況下該運用道的哪種規則，可別把這些理給學僵了。一旦僵化了，這些道理不過只是紙上談兵，滿口大道理卻不知該在現實中如何運用。

什麼叫做合時宜？合時宜就是天時地利人和。先觀察天時地利人和，然後心才能定下來，制定出應對的策略。

奪與給，是割捨的智慧

【將欲奪之，必故予之】。我們在現實中也常會運用這種手段。所謂的「奪」和「予」，實際上是想要「奪取」對方手中的實權，就「予其虛名」，這樣大家都好過。

大家都不喜歡「奪」這件事。試想，如果你手握實權，但這項實權卻被剝奪了，一般人都會心懷怨恨。那麼我們透過「將欲奪之，必故予之」的方式，先給對方提高職位，但

是，那個高位只有虛名卻沒有實權。也就是說，我要剝奪對方的利，就要先給對方虛名，這是一種策略。這種行事的智慧能做到上下無怨，各得其所。

這種得道的智慧，可以應用在現實中各個層面。比如，國與國之間，企業與企業之間都是如此：我想要獲得對方的什麼，那麼，自己就可能在其他方面就會有所失去、必須捨得。這是一種交換、一種妥協；但是，在妥協與交換當中卻蘊含了智慧。所以，在解決問題的時候，儘量不去產生衝突、不使用暴力，而是運用智慧，這樣才能長久。如果只知窮兵黷武，一味靠武力、靠暴力去解決問題，那是欠缺智慧的低級手段，逆道而行就無法長久了。

【是謂微明】。「微」是精微，微妙無聲且看不見的。「明」是光明、顯現於外的。這句「是謂微明」的意思就是，微和明本身就是陰陽。

「是謂微明」總結了《道德經》第三十六章前半段列舉的這四種手段：「欲將擒之，必故張之」、「將欲弱之，必故強之」、「將欲去之，必故舉之」、「將欲奪之，必故予之」。

　　前述的這四種手段，其實就是陰陽消長與轉化的規律。我們應妥善地掌握、運用這種陰陽消長的這種變化。

第三節　柔弱勝剛強，深藏的力量

《道德經》第三十六章下半段是「柔弱勝剛強，魚不可脫於淵，國之利器不可以示人。」柔弱、剛強就是一組陰與陽，這段闡述柔弱和剛強之間的關係，其實也就是在談陰陽轉化的關係。

靜候天時才是致勝關鍵

【柔弱勝剛強】《道德經》第三十六章在前半段已提過，當對方很強大的時候，我們不可以去硬碰硬或強克強，這樣必會兩敗俱傷。所以，當我們遇到剛強者該怎麼應付呢？這時，就要發揮陰柔之力了，也就是示弱。

所謂的示弱，並非一味地弱，也不是妥協投降。示弱是一種深藏。將力量深藏起來，又不斷地積蓄，在積蓄的同時也不輕易地外漏。

其實，光是示弱這項舉動，本身就是誘使對方不斷地變得愈剛愈強，儘快去超越那個平衡點。這也是靜候時機的一種方式，也就是所謂的「以退為進，以靜為動」：為

了打敗對方，必須先靜下來按兵不動。

柔弱勝剛強就是陰陽變換的一種規律。關於這句「柔弱勝剛強」，我們要釐清這點：並不是說用柔就能幹掉強大的、剛強的勢力。其實，戰勝強大一方的關鍵並非運用柔弱手段的過程，而是我們靜候天時、積蓄力量的過程。我們要靜候天時、等待地利，才能進而運用人和。等到對方會露出致命弱點的天時到了，我只需一擊對方的弱點就能置對方於死地。

逆道而行，必走向滅亡

【魚不可脫於淵】。那麼，老子在這裡面怎麼會蹦出這麼一句「魚不可脫於淵」？其實這句是一種譬喻。魚就代表了人，淵代表道。人在現實生活中的為人行事，如果脫離道德規則、脫離道的定律，就像魚脫離了水一樣。魚在水裡生長、發育壯大，暢行無阻。水才是魚最符合天時地利、最能發揮作用的地方。哪怕這條魚是龍，一旦脫離對牠有利的大環境，就變得什麼都不是了。這就是俗語「龍入淺灘遭蝦戲，虎落平剛被犬欺」背後蘊含的道理。

「魚不可脫於淵」的意思就是說，人不可脫離大道。我們必須心中有道，時時按照大道的規則、定律去要求自己，這樣做才能「如魚得水」。

《道德經》第三十六章講的這些理都在告訴我們：怎麼做才能夠不脫離大道，如何按照道的規律去做。都在教我們方法，不讓我們做悖行之事，背離大道。因為，大道的恒常之理就在那。大道的恒常之理就是「順其生，逆其者亡」。悖離大道就像魚離開了水，最後下場就是死。所以說，時時有道心，時時遵道行，這是一個人在世間修道得聖最關鍵的基礎。

彰顯，同時也暴露弱點

【國之利器不可以示人】。最後這句也在闡述陰陽之理。所謂的「國之利器」就是殺人的武器，是最精銳、最鋒利、最強大的力量。

最強大的力量不能被人看見，一定要深深地埋藏起來，讓它成為陰、玄的部分。因為，一旦被人發現你有這樣的武器，這也就意味你的玄處見了光。玄處一旦見了光，力量就

會立即耗散，你的力量就治不了人了。這時，你的弱點就會呈現整個出來。所以，如果你向外顯示、告訴別人你擁有什麼珍寶、有什麼才能很厲害，這就是找死，因為，這樣的舉動就是不符合道。

真正的大道運行，顯現於外的必定是輕，藏於內的必定是重。輕者隨時變換其形，那是給別人看的。因為表面的絢爛（輕），使人看不透裡面是什麼，不知道深藏於內的有些什麼。其實，深藏於內的就是國之利器。

現實中也是如此，我們做人也該如此。真正的才華與才能一定要深藏起來，不要輕易地顯露。當然了，如果你天天隱藏才華、收斂能力，別人怎能知道你有才華、才幹？我們要記住這一點：紙是永遠包不住火的，土也無法永遠地埋不住金。真正的金子必然會在適當時機顯露出來發光。用紙去包裹火，即使包得再嚴密，最後也遮蔽不了火的光明。所以，不要以為你天天深藏就藏得住，真正的好東西遲早必會發光。所以，別著急。

常人多有這項毛病：自己稍微有點能力，學了點技術，有那麼一點天賦，就恨不得天天下人皆知，甚至誇大其詞。

那些愈誇大其詞，愈是自炫自耀的人，其實肚子裡愈沒有東西，就是一個草包！真正有智慧的人，真正掌握了所謂大神通、掌握了道之規律的人，一定不會自炫自耀，也不會自以為是，更不會不會居高臨下地傲視他人。因為這種人明白深藏的道理，因為他已經是得道者了。

老子在《道德經》第三十六章又再次強調，我們該如何運用陰陽之理在世間去做事。

當然，學這些陰陽之理可不能僵化！陰陽之理並不是絕對的，但我們還是要記住這個理，明白：抓緊與放鬆的關係，柔弱與剛強的關係，壓制與高舉的關係，給予與剝奪的關係。

我們須臾不能離道，離開了道就會迷失、就會不長久、就會滅亡，所以做事做人都要以道為準則。這就是《道德經》第三十六章給的提示。

第二章

萬生有形，無為自有規則

——《道德經》第三十七章

其實，《道德經》一直在強調

無為與有為之間的關係，

最重要的是傳達了人們如何在現實中應用「道」！

第一節　無名之樸，有生必有克

《道德經》第三十七章

【道恆無為而無故，道恆無為而無不為。侯王若能守之，萬物將自化。化而欲作，吾將鎮之以無名之樸。鎮之以無名之樸，夫將不欲。不欲以靜，天下將自正。】

接下來看第三十七章的內容，是不是感覺很熟悉？因為很多用語在前面的章節已提示過了，那麼，為什麼老子在這章又再一次強調無為與有為之間的關係呢？其實，還是講在現實中該如何應用道。

重申無為是道的特性

【道恆無為而無故，道恆無為而無不為】。其實，這句「道恆無為而無不為」先前已經講過多次類似的話語。

無為是道的特性。

恆常不變、無形無相、無名、無始無終、視而不見也聽而不聞，這就是道。無為是道的恆常性。然而，道又變

化無窮。

道能夠生成萬物，道還能主宰萬物的生長發育，道的整個過程就是無不為，但是，誰也離不開道。

【侯王若能守之，萬物將自化】。侯是指諸侯王，王才是指帝王。不管是諸侯王或帝王，都是一方君主，也就是某一群體的領導者。如果身為領導者的你能掌握並妥善運用大道的規律，那麼，萬物就會「自化」。

這句裡的「萬物」，就是指有形的萬物了。而什麼是「萬物的自化」？萬物自行決定自己的生長與發育，這叫做「自化」。關於自化，前面講了很多，這裡不再贅述。「萬物將自化」的意思就是，大道按其規律去運行，萬物也按其自由意志去生長、去發育、去壯大。

【化而欲作】。「化而欲作」是指：萬物化生，即將要有所作為。

那麼，萬物是因什麼而化生的呢？就是大道。大道從一無所有當中誕生太極，太極又產生了兩儀，兩儀生出萬物有形……。任何事物有了形，立即就會有它自己的成住敗空，也就是萬物的「作」。「作」就是萬物生長、發育

的過程，「作」都是按照一定規律來的。

有形之物，須按照天道規律發展

【吾將鎮之以無名之樸】。這句又是什麼意思呢？萬物都已經欣欣向榮，都已經生發出來了，生發出來了以後，有形之物就會被生的欲望支配，然後就放縱生的力量，無限膨脹這種生機勃勃的狀態。這種生的欲望就是《道德經》第三十五章提及的「樂與餌」（見《范明公解密道德經3》）。然而，生機勃勃的同時，也有過度放縱、追逐生命之樂的弊病，這就是萬物的秉性。那麼，「吾將鎮之以無名之樸」就是說，在生機勃勃的狀態之下讓萬物繼續擁有生機，同時又控制萬物不放縱這種生機。

天道就是有這樣的一個規律：有生必有克。克是為了長久的生，這叫做「無名之樸」。樸是本質、原始的意思。

當你生機勃勃地運作、生機勃勃地追求娛樂，卻達到了放縱程度的時候，天道就會去鎮住、約束你。因為，你是有形之物，必須按照天道的規律去發展，不可以放縱、不可以過度，也不可以太過執迷。

　　所以，這句「吾將鎮之以無名之樸」就在提醒我們：人是從哪來的？真正的道是什麼樣子？所以，我們在「生」的過程中一旦不小心放縱了還能知道收斂，這樣才能守住道之規。

第二節　天下自正，保持平衡

損有餘而補不足，就是道！

【鎮之以無名之樸，夫將不欲。不欲以靜，天下將自正】。第二句的「夫將不欲」，裡頭的「不欲」並非沒有欲望，而是克制住自己的欲，不要放縱，這叫做「守度」，也叫做「守恆」。這樣才真正有利於萬物生息，才能長久。

後半段的「不欲以靜，天下將自正」，不欲是說，我們要放下那種放縱過度的欲望，保持清靜，保持少欲寡思的狀態，這樣子，天下就會處於一種平衡的狀態。「自正」是自動平衡的意思。

關於生命的平衡，現在有不少影視作品的創作主題就在探討這個。不管是植物也好，任何生物也好，如果它的生長不受克制，它就會變得無限地強，無限地大，最後就會吞噬一切，變成一種邪惡的勢力。

人也一樣。人的力量如不被克制，最後人人都得淪為魔。力量是每個人都想要的，但是，當有一天你真正擁有

力量了，但你的心靈卻沒有昇華到一定高度或擁有足夠的掌控力，你就是不平衡的。你不斷放縱自己的發展，最後就會對整體生態會帶來災難。

「損有餘而補不足」，這就是道！上天就是這個樣子。上天不會讓你愈來愈多，這叫做「損有餘」。「損有餘而補不足」就是一種平衡。所以，有些人在現實中不管是追求財富還是名望，都不知道收斂，擁有愈多就渴求愈多，在不斷追逐中加速毀滅，最後必定是家破人亡。

大道有「無為之規」

所以《道德經》第三十七章一開頭講的「無為」，不代表絕對的無為（什麼都不做、什麼都不想、什麼都不要），而是「無不為」。

接下來提及「萬物將自化」這一段，強調萬物都是有形之物，大道是恒常之理。這點是我們應該記在心裡的，但卻不可以刻意地死守，誤認為：「無為」就是道，萬物在「無為」這個狀態下才能自行生長。正確的理解應該是：我們知道有個大道，而且這個大道不對我們進行主宰、控制、

占有或要求，都是按照自己的意志去發展。但是，雖然是按照自己的意志去發展，還得要守住一個規則。如果這個規則守不好，雖說大道無為，但只要你超過了這個規則，大道就會展現懲罰的力量，也就是「吾將鎮之以無名之樸」。

去看歷史上那些的偉人，哪個真正或者在名上或者在利上過了之後，哪個不遭受反噬？這就是大道運行的規律。大道既有春風化雨，潤澤萬物的一面，同時又有夏日炎炎、秋風瑟瑟或冬之嚴寒的一面。大道生養萬物，發育萬物，潤澤萬物，同時也嚴格管控著萬物的生長，這就是「吾將鎮之」。

老子在《道德經》第三十七章揭示了「萬生常有形」，也同時闡述了大道的「無為之規」，這個是恒常之理。所以，我們作為人，在現實中要按照道的規律去辦事，心中有大道、恒常之理，做什麼事都別過度，以靜、退、收斂、自律、少私寡欲當作座右銘

那麼，我們在現實中無論是做人或做事都積極進取，畢竟積極進取能產生昇華的作用。同時，在積極進取、謀取成功的同時，也要知道關於收斂、進退、柔弱、深藏之

理；這樣子，天下將自正，自正才能平衡、才能長久，對我自己、我的家庭、我的企業、我們的國家都有好處。以上就是《道德經》第三十七章帶來的提示，要好好地領悟。

第三章

道德仁義禮，修道的五個層級

——《道德經》第三十八章

道學將人分成道德仁義禮五個層級，

該如何修才能昇華至高層次？

該如何做才能避免淪為阿修羅。

這章闡述了修行方針與在世修道的智慧。

第一節　上德、上仁、上義與上禮

《道德經》第三十八章

【上德不德，是以有德；下德不失德，是以無德。
上德無為而無不為也，上仁為之而無以為也；
上義為之而有以為也，上禮為之而莫之應也，
則攘臂而扔之。故失道而後德，失德面後仁，
失仁而後義，失義而後禮。夫禮者，忠信之薄，
而亂之首也。前識者，道之華，而愚之首也。
是以大丈夫居其厚，不居其薄；居其實，不居
其華。故去彼取此。】

　　《道德經》的主題分成道與德。前面三十七章屬於《
道經》，內容都在論道。比如，道是什麼？道的最高境界、
最高標準又是什麼？從三十八章以後就開始講「德」。

　　《道德經》第三十八章是《德經》的第一篇。第三十
八章有成組的排比句，結構都是：前面先提境界，接下來
是該境界的做法，最後是眾生如何看待這種境界的人是什
麼樣子。整篇文章按照境界的高低，逐層列出，因此篇幅
較長。基本上，《道德經》第三十八章按字面意義可分成
三段，以下逐一講解。

真正的德，就像春雨潤無聲

老子在《道德經》把人的修為境界分成五等：最高的是道，接下來是德，然後依序為仁、義、禮。儒學則將做人的標準分成五個檔次：仁、義、禮、智、信。儒學從仁開始劃分，道學則是從道開始。所以，儒學做人的最高標準，強調的是仁；道學最高的標準，就《道德經》內容來講，就是做人做事都符合天道。

【上德不德，是以有德】。這一句話在探討「德」的特性。

德是天道作用在世間的展現，換句話說，德是天道在現實中的一種投射。道在世間最高級的應用，就稱為德。

德有上德、下德之分。不過，道卻沒有上道或下道的等級區分。為什麼？因為道無形無相，所以沒有上下、前後、左右之別，也沒有對錯或大小的差異，這就是道的特性。但是，若道發展到德的階段了，原本無形無相的道就會因為落地而變成有等級之別。所謂的落地，其實就是天道到了二元世界。這時，道就變成俗世間可以應用的天道規則。在俗世可被人應用的天道規則當中，德是最高等的，

因為德完全符合道理。

這時，毫無分別的道就成了有分別的德。只要一有了分別，也就有了上下之分、大小之分、強弱之分⋯⋯。所以，人的修為境界在道學裡的五個境界，除了道以外的其餘四種境界（德、仁、義、禮），都可再細分成上德、上仁、上義與上禮。

老子在《道德經》第三十八章也把這個標準列出來了：「上德不德，是以有德」。當最高的德（上德）落到世間，會以什麼樣的形式表現出來呢？就是「不德」。也就是說，真正有德的境界其實就是「不德」。不德裡的這個「德」字是動詞，意思是有意識地去表現出有德的言行。

擁有大德的人，不會有意地做出有德的行為、言語或是自我炫耀，所以我們看不出來這種人是否有德，但就是這樣的人才是真正的上德。

所謂「大音希聲」「大智若愚」「大公無私」，真正有德的人因為境界已經很接近道了，道是無形無相的，這種有德之人的境界太高了，以至於平常人看不出來。

上德，感覺就像潤物細無聲的春雨（註），上德不會表

現於外，甚至不為人知。修為達到上德這種境界的人，都默默地遵行天道，默默做出合乎道德的教化或是裨益人群的良善作用。真正的上德是最堅定、純粹的道德，同時也是眾人難以察覺的，這才是真正的德。

從佛法來講，《金剛經》說的「無相佈施」，就等於道學的「上德」。什麼樣的佈施才會有無邊無際的功德？就是「無相佈施」。什麼是「無相佈施」？佛家說「非人相、我相、眾生相、受者相」，簡單地說，這種佈施不是有意識的、刻意去做的，更不是那種為了讓他人看到的做作表演。舉個例子，如果我為了獲得功德而佈施，這就不是「無相佈施」了，而是「有相佈施」。「有相佈施」積的不是功德，而是世間的福報。功德與福報是不同的兩件事。對修佛的人來講，「上德」基本上就是功德廣大的「無相佈施」。

外顯的德，不是真正的德

【下德不失德，是以無德】。那麼，「下德不失德」

*註：語出唐代杜甫的《春夜喜雨》，原文為：「好雨知時節，當春乃發生。隨風潛入夜，潤物細無聲。野徑雲俱黑，江船火獨明。曉看紅溼處，花重錦官城。」

這句裡的「不失德」，不失的是什麼樣的德？有德的行為、有德的語言，有德的自我炫耀……，也就是形式上的表現。「下德不失德」的意思就是說，「下德」沒有失去德的形式。

為何有些人做出很有德的行為，境界卻屬於「下德」而不是「上德」？因為他做出這些具有德的型式的言行都是有目的的，就跟佛家說的「有相佈施」一樣。

而且，這種「下德」的人雖然口口聲聲說要追尋道，但都流於表面。比如，「下德」的人也會積極教化眾生、鼓勵大家行善積德，自己的生命軌跡也都朝著道德的方向去走……。如果你跟這種人聊天或觀察他做事，全都符合道德標準，都是與人為善、很有成人之美，甚至表現出寬容大度、海納百川的樣子。但是，這些符合道德的標準和行為，其實都是他透過言語行動讓大家看得到的，也就是顯化於外的形式。

在現實中，我們也會遇到有些人一付道貌岸然的樣子，不管做什麼都要有意無意地提醒別人：他自己某項動作

很符合道德標準、很有高尚情操、心胸寬大、大公無私……
。這種人隨時都在跟別人講授怎麼行善、如何成人之美、怎
麼做才能做到胸懷大量、你應該如何又如何……，一付崇高
得不得了的樣子。其實，他講的那些美善德行，全都是嘴上
的或行為上的，也就是顯化於外的形式。

　　你說，這種人有沒有德？老子說這種人也有德，叫做
「下德」，屬於最低層次的德。那麼，這種「下德」是真
的德還是假的德？是假的。因為，這裡所謂的「上」和「
下」並不是指程度、大小，而是陰陽兩面。

　　我們要釐清這點：「上德是真的有德，下德是真的無
德」。也就是說，「下德」是真的無德，也就是缺德。並不
是說：「下德」只是比「上德」程度低些，還是有德的。這
樣理解就錯了！老子寫完「下德不失德」，隨後就用「是以
無德」這四個字為「下德」下結論。

下德之人，美言善行

　　「下德不失德，是以無德」。生活周遭那些無時不刻

想教訓別人的人，或是三不五時就跟你強調：你看，我是多麼地清正廉潔！你看，我是多麼地為人民服務、我是多麼地大公無私、我是多麼地捨己為人、我多麼地符合道德標準、我是多麼地不爭、我是多麼地真善美……，這種人就屬於「下德」，也就是缺德、無德。凡是在嘴上一味強調自己有多麼美好的人，實際上必定不是這樣的人。

我們學道法，在掌握了天道規律的同時，也會明白如何鑑別人心的理。人的內心和的表現是相反的。內心思想是陰，外在表現是陽；內心那個真實的我，與外在表現出來的我，彼此互為陰陽。那麼，只要是陰陽，就會遵守陰陽消長的規律。這意味著什麼？表現於外的就是陽。如果我一味地表現，那就是陽盛。陽盛者必定陰衰。也就是說，如果一個人表現於外的言行舉止特別地良善、特別地完美、特別地自律，我們從他的言談舉止看到的都特別地好；那麼，在他內心裡，真正的美、善反而所剩無幾。

因為，陰陽必是相反、對立的，陽盛則陰衰。這種人討厭的、恨的，他認為最惡的、最壞的，反而會在他內心當中變得強大，這就是所謂的陰陽平衡。所以，我們只要

掌握住這種陰陽規律，在看人的時候就很容易看穿對方。簡言之，這個人愈是表現出什麼樣子，他本身就一定不是這個樣子；這個人愈恨什麼人、愈討厭什麼人，其實他本身就是這樣的人。這就是陰陽規律。

所以，真正有德的人，不會在言談舉止之間表現的全都是真善美，不會天天都展現完美的那一面，因為他不需要！真正有道的人、真正在內心深處就是上德境界的人，不會表現出這種狀態。但是，人家在做事的時候，就會按照天道、上德去默默行事。

那些老說自己是什麼樣的人，本身必定就不是他所說的那樣。這就是陰陽的規律。

有人也許會說；「老師，有沒有那種表裡如一的人？內心特別純淨，然後外表也都特別地純淨？」內心跟外在表現都特別純淨，這就不符合陰陽的定律了。

陰陽的定律是學道的基礎。《道德經》講的，就是怎麼運用陰陽的定律。《黃帝內經》則是闡述如何運用五行生克。陰陽的定律、五行生克，都是最基本的規律。《易經》講述的是八卦可以怎麼運用，但八卦就不是道的基本規

律了,卻是陰陽運行的基礎,換句話說,陰陽是五行和八卦的基礎。掌握好陰陽,徹底理解陰陽的運用方式,再去理解五行和八卦就有了根基。陰陽是奠基的基石,所以,闡述陰陽之理的《道德經》非常地重要。

《道德經》告訴我們陰陽轉化的關係。你看,第三十八章前面列舉的都是成對成組的,全是陰陽運用的規律。所以,我們透過《道德經》第三十八章就能明白自己在這世間該如何為人做事。

假善人就是無德的真小人

我們要注意,真正有德的人(上德之人)無需表現他的上德。那麼,他不表現出來,別人豈不是就不知道嗎?

真正的有德和假的有德,區別就在這裡!真正有德的人只是按照內心的標準去做,因此無需刻意表現,也無需去提醒別人「我有德」這件事。而假的有德之人他的德是做給別人看的。他為了得到世人認同,在社會上獲得獎勵,才努力成為有德的人。

大家都知道「得道者多助」的道理。那麼,假德之人

為什麼要做出一很副有德性的樣子？因為他心懷交換的目的：「如果我跟大家說我要成為有德的人，大家就會都覺得我就是有德的人，然後都前來幫助，這樣做事就會更容易成功。」所以，假的有德之人會表現出各種有德性的形式。同時，只要稍微做點好事，就生怕別人不知，生怕別人不曉得自己也是個真善美的人、自己也是個有德的人、自己也是位聖人……。

　　這種人就是假善人真小人。他這些裝腔作勢的有德言行，就是所謂的「下德」。所以，老子將這樣的人視為無德：「下德不失德，是以無德」。這種人假善人其實是無德的，不值得我們學習。

第二節　上仁，內心掌握陰陽規律

《道德經》第三十八章一開始先談上德與下德，接著講述上德、上仁、上義與上禮的區別。

我們先談談道、德與仁的最大差異。如果說，德是道落地之後的第一步，也是道開始變得有分別的第一個狀態；那麼，德再往下、再加重分別的程度，就會變成仁。

所以，仁比德更具體有形、標準也更加外顯。那麼，仁和德的異同處在哪裡？仁有標準，而且這個標準已經有形了，因此仁比德又更落了下乘。但是仁跟德一樣，遵循的都是大道之理，也就是陰陽的定律、宇宙運行的規律。因此，真正有德者、仁者，都是通曉天道之理的智者。

上德無為，而上仁為之

【上德無為而無不為也】。關於「上德」，前面已經講了很多，這裡不再講解，而是把焦點放在「無為」與「無不為」。

什麼是「無為而無不為」？簡單地說，真正的得道者

（修為已達到上德境界的人），必定遵循《道德經》第二章提到的無為之規律：「居無為之事」「行不言之教」，因此得以「無不為」。關於上德的「無不為」，我留在後面與上仁的「無以為」一起進行講解。

【上仁為之而無以為也】。關於這句，先解釋什麼是「上仁為之」。

仁比德更有分別。因為，仁掌握的宇宙陰陽定律是有形的；道沒有形、沒有分別也不分陰陽；德則介於道與仁之間。

仁有形且外顯，掌握了陰陽規律就叫做仁。仁這個字，左手邊一個立人旁，右手邊一個二，二代表陰陽；所以，掌了陰陽定律的人，就是仁者，也就是智者。那麼，所謂的陰陽就是好壞、對錯或是長短強弱嗎？不是，這些只是對立而已。當心中有了對立，就沒法達到無為的狀態。因為心裡已經有了好壞之別，有了鑒別就有了標準，因此內心不可能達到無為的狀態或境界。雖然達不到無為的境界，但如果能做到仁，就能在暗中掌握陰陽，這就叫做「上仁為之」。

　　那麼，「上仁為之而無以為」裡的「無以為」又該如何解釋？其實，達到「上仁」境界的人，雖然心中有了對立標準而無法昇華到無為的境界，但只要按照這個標準去做，就不會被他人看不透，因為對方無從得知你倒底是按照什麼標準來行事，這就是「無以為」。

　　按照內心裡面的陰陽對立與標準來行事，這種人就是仁者。仁者也是擁有大智慧的人，也是智者。智者的做事標準不同於常人。比如，常人認為這樣做是對的，仁者不一定會去這樣做。仁者不從眾，但仁者的行為卻有準則，因為仁是有準則的。

　　仁不像德，德的境界很接近道，所以就不會有那麼明確的標準。愈接近道就愈接近無形，心中就會打破明確的陰陽標準，這樣才能真正做到隨心所欲卻又不任意妄為、不胡作非為。真正有德的人，言行舉止不一定全都符合道，但在心中卻有「上德」的標準，這叫做「上德無為」。這種「上德無為」，最後能達到「無不為」的狀態。

　　平常的人（凡人）若要想試圖看清一個真正有德的人，就會覺得對方「神龍見首不見尾」：不知道他說這話

是什麼意思，也看不透他做這件事的意義和目的。

真正有德的人在現實中可能被認為傻呆、愚蠢，遲鈍。但實際上有德的人只是真人不露相，就像龍一樣是難以捉摸的神祕存在。所以，當孔子見了老子，回去以後弟子問他對老子印象如何，孔子說老子就像龍一樣：「越於九天，或遊於九淵，神龍見首不見尾。」其實，這種難以捉摸、「見首不見尾」的神祕狀態，就是上德與上仁的狀態。

上仁者的心中已經有了陰陽，上仁者掌握了陰陽的規律，然後按照陰陽的定律去做，這叫做「為之」。但凡人卻看不透上仁者，不知道上仁者為什麼要這樣做（「無以為也」），不過，上仁者做事都還符合俗世的標準。

上仁無以為仁，下仁有以為

仁因為比德更有形，所以道家將仁排在德的底下。但就儒家來講，仁是做人的最高境界 (註)。認為孝悌是仁

＊註：語出《論語》學而篇。有子曰：「其為人也孝弟，而好犯上者，鮮矣；不好犯上，而好作亂者，未之有也。君子務本，本立而道生。孝弟也者，其為仁之本與！」

之本，不孝不悌的人就不仁不義……，儒家將仁視為衡量人品的基本標準。

做人要不要有標準？當然要。但是，對什麼人說什麼話，得看當時的背景。像上古時代，人心都還停留在比較高的境界，在那個時代就不需要教導大家孝悌了。因為那個時候的人都能出自內心地展現孝悌的舉止；當人人都能做到這一點的時候，還需要教育嗎？根本不需要。當大家都是上德之人，能達到無為的境界又符合道統，這時候還需要告訴大家應該要無為、應該要遵循道之理嗎？沒有必要。只有在什麼情況才需要教導民眾孝悌？就是社會敗壞、人心不古的時候，人民才需要教化，得讓大家知道仁的標準是什麼。

《道德經》第三十八章只提到「上仁」，並沒有提到「下仁」。那麼，你說「下仁」是什麼？裝出來的仁，也就是假仁。假仁有哪些表現呢？比如，這種人會滔滔不絕地跟大家講述宇宙的規律、真理，他的言行舉止都在向大家宣示：他是掌握了宇宙規律的人、他是智者。這叫做「下仁」。

「下仁」帶給人的感受就是「有以為也」。

「有以為」和「無以為的區別在哪？上仁「是無以為」。上仁的人，言行舉止、做人做事都暗合道德標準，但你看不出來他有多高明，這就是「無以為」。至於下仁（假仁）者做出來的事，會讓你馬上就覺得他好聰明、太有智慧了！平常人一聽他言論，就覺得這個人掌握了宇宙的規律，實在是太厲害了！這種「有以為」會讓普通人深感佩服、讚嘆或羨慕，實質卻很空洞。

上義，善惡分明且奮不顧己

【上義為之而有以為也】。那麼接下來說到義的時候，就是「為之」了。為什麼？因為義的行為已經完全外顯、對錯分明。也就是說，講義氣的人愛憎分明、嫉惡如仇，這就叫做「為之」。

老子說「上義為之」，所以，當天道落地之後，到了「義」這個階段就已經失去道之理了。先前，在仁的境界，仁者還能掌握了陰陽平衡的道理，並且按照道的規律規律去行事。但，到了「義」這個階段，憑的完全就是義氣。

就義氣來講，也有上下之分。「上義」就是有情有

義，或稱為大義。此外，「上義」還強調正道。所以說，「上義」是不為自己利益、不自私的。有義之士可能是為天下、為眾生，在他心裡有正有邪、有對有錯、有應該有不應該、有善有惡、有美有醜，是非分明，這叫做「上義」。

「上義」遵循的是真善美，有義之士心中有大我，也就是有國家、民族與公義，而不是心存小我（私利）。那麼，這樣的上義者追求的是公義，會為了大義而不懼邪惡勢力，並與之纏鬥，這叫做大義凜然。甚至為了大義而捨身捨命。

但是，我們必須知道，這類人的境界就是「上義」，他是無法達到「道」「德」「仁」這三個境界的，因為前三者並沒有那麼強烈的善惡標準。

所謂的義氣，是心中有正邪，心中自有道德標準的。但是，義不通理。有義者其實是不講理的，他認為現實中誰是大好人、誰是正誰是邪、誰是惡誰是善……，他有自己的標準。這個標準也許是他自認為的標準，也可能符合普世大眾認可的標準；但在有義者的標準裡，就已經沒有大道的標準了。眾生可能都會認為某種行為是好的、善的、正的

行為，另一類行為就是邪惡的；然後要宣揚、鼓勵良善的行為，打擊或消滅邪惡的行為，這就叫做義。

這樣的有義之士不通大道之理，因為他的境界最多只在這個層次而已。但是，有義之士一心向善、，一心向正，甚至為此拋棄身家性命，所以稱為「上義」。上義的行為的表現形式就是「為之」：我嫉惡如仇，勇於跟惡的抗爭到底，這叫做「為之」。然後，普通百姓一看：哇！他這個人敢作敢為，這就是「有以為也」。

那麼，老子沒寫到的「下義」是什麼？下義就是不義。不義之人，無情無義、自私自利，為了小我而不顧他人。

禮表現於形，是群體的規範

前面提過，老子在《道德經》將人的修為分為五等，從高到低依序為道、德、仁、義、禮這五個境界。如果連義都沒有，再往下的境界就是禮。

【上禮為之而莫之應也，則攘臂而扔之】。第一句前半的「上禮為隻」意思是說，到了「上禮」這個層次的，

會說我很自律、做事都符合正義；但無論自律或做事等表現都屬於外在形式，所以是「為之」。至於後半的「而莫之應也」則是說，我說這樣做是對的，你也應該這麼去做；但是，你卻不跟我配合（不相應），不學我去這樣做。至於下一句的「則攘臂而扔之」的「攘臂」是伸出胳膊的意思。「攘臂而扔之」是說，我伸出手臂把你扔出去，也就是我懲罰你的意思。你不是不配合我嗎？那我就把你扔出去。因為我有強大的力量，所以就把你扔出去來懲罰你。

所以，到了「上禮」的階段，守禮的人或守禮的社會就會出現什麼情況？大家都認同的某種行為或某件事會被視為是對的，而且每個人都應該要這麼去做。「我這麼做了，我也得要求你這麼去做。如果你不做，我就懲罰你。」所以，單一個體不能不配合群體，即使你討厭那件事，不學都不行。所以禮就是刑。

其實，到了「禮」這個階段，人類已經到了道德的底線了。在「禮」的社會，一切標準都是固定的：什麼是好、什麼是壞；什麼是應該、什麼不應該……。然後大家都得遵

守這些標準。

這些標準都是在形式的層次。也就是說，「禮」表現於形，在形式上你得這麼要求、這麼規範，然後大家全都遵守。如果有人不遵守、不跟著這樣做，就懲罰你、把你從社會群體裡扔出去。人是群居的動物，所謂的「攘臂而扔之」，其實就是讓你與世隔絕，比如，關在監獄裡、把你單獨關起來，不跟大家在一起，這就是最嚴厲的懲罰。

禮義道德的層次區別

那麼，「禮」和「義」有什麼區別？

「義」是做自己。我有義氣，願意為大義獻身而義無反顧，那都是我自己的選擇。「義」是不會要求別人的，自己的一切舉動都是為別人服務，為別人去獻身，為別人去爭取，這叫做「大義」、「上義」。

「禮」就不同了。「禮」是——我做到了，你也得給我做到；你若做不到，我就弄死你。這就是「禮」這個境界會出現的狀況。

第三節 上義無私，上禮推己及人

現在的人類已經打破了「禮」。其實，現在不僅中國人，全世界的人都為了利益已經變得完全不擇手段，完全早就撕破了禮儀的面具、剝下了仁義的外衣。現在這個社會已經到了為利益而瘋狂的程度，只要有利益，什麼都不顧。

所以你看，到了「信」的社會（信用社會），整個社會上下已經瘋狂到什麼程度？大家全都不遵守禮法，全都不知廉恥，德育已經沒有用了。大家也都不怕犯法了，全都在鑽法律空子了，因此這個時候才會需要建立一套信用機制。你只要敢犯一次法，只要違過一次規，我就給你的記錄寫上黑名單，以後你啥都不是……。不管什麼，大家都互相制約，這叫做信用。到了信用的社會，人變得更加不是人了。

所以說，人類社會分成道、德、仁、義、禮這五個階段。只是，道、仁與這三個階段，人還算是人，但後面的幾個階段就不是人的階段了，所以老子乾脆就不提。因為，我們不能去學這些，所以老子連設定都不設定。

道學和儒學重視的層級不一樣。儒學不落地嗎？儒學

去落地的就會非常落地。儒學從仁開始談起：仁、義、禮、智、信，對於道和德這兩塊講的很少。至於道家不提的智、信這兩個層級，儒學則會去探討。

現世已進展到禮的階段

解析到這裡。我想先請各位讀者回過頭來感受一下自己。在我講解《道德經》第三十八章的時候，你自己是處於什麼狀態？先聲明，別去幻想你處於「上德」或「道」的階段，基本上現在沒有人處於這兩個階段。就連「仁」這個階段，現在也沒有了，頂多就是在「義」和「禮」這兩個階段。你覺得自己屬於哪個階段？你給自己定一下位。是「上義」嗎？還是「上禮」？

這兩者的區別，我們先前已經講過。「上義」是什麼？做好我認為對的事，然後義無反顧地去做，我也不去要求別人要跟著我這樣做，這是「上義」。那麼，「禮」的階段就是：我做好我這個形。在外表的形式上，我嚴格地要求自己；然後，我也要求別人要照做。如果對方不照著做，就是壞蛋，我就滅了他，或是嚴重地懲罰他。

西方中世紀的十字軍東征，就是一例。十字軍認為，只有信上帝的，也就是有基督教信仰的人，才是美的、好的、善的；不信上帝的異教徒就是邪惡的。十字軍對待異教徒的心態是，再怎麼懲罰異教徒、再怎麼殘酷弄死異教徒，都是對的行為。所以，十字軍東征不就是「上禮為之而莫之應也，則攘臂而扔之」的實際例子嗎？你跟我不同，我就要滅了你。

現代人講法律。為什麼要講法律？法律能限制、規範你的是什麼？是你的心還是你的行為呢？當然，法律只能規範行為，根本就管不了人心，對不對？比如，有個人的內心非常地邪惡，但只要他行為上不觸犯法律，或者，已觸犯法律了卻沒有人能抓到證據，他就可以悠遊天下，想幹什麼就幹什麼。所以，現在社會階層愈高的、獲取利益愈大的，都是知法犯法者，一般人抓不住這些人的把柄。為什麼，這種人都這樣惡劣，我們為何還不能繩之以法？因為，這個時代，人心已經壞了，每個人做事完全都憑利益。到了「禮」這個階段，就會出現這種亂象，天下也會出現影響整體人類的大災難。

攘臂而扔之，是天下的亂源

為何到「禮」這個階段，人類就會遭遇災難？試想，有一批人認同這麼做就是偉大的，這麼做就是光榮的，這麼做就是為人類好。如果這批人都認同這一點，他們就可以因為這個信念而拋頭顱灑熱血，也會認為壞的那批人就得殺掉，即使採用最惡劣的手段殺掉對方，也毫無罪惡感。歷史上不斷重演的這些情節，就是人類愈來愈墮落，內心已經沒有真正的標準所致。這些人自以為是正義的一方，他們認同的標準其實都是別人灌輸的，然後他們從未深思，就以此行事。

以國際關係為例，美國有美國的標準，阿拉伯有阿拉伯的標準，中國有中國的標準，日本有日本的標準，德國有德國的標準，白種人有白種人的標準，黑人有黑人的標準，黃種人有黃種人的標準……，所以現在全球局勢就是這麼亂。你認為對的，我不認同，你就強制我必須得按照你的標準去做。現在美國不是就這樣嗎？美國強調美國的普世價值、美國的世界觀就是對的，全世界其他國家若不按這個去做，就是錯的，我就滅了你。如果有一個國家的政府推行自

己的一套政策，美國不認同，就給對方換總統，然後強制對方去推行美國的標準。這套美國的標準包括了政治制度、倫理道德，也包括所謂的人權。這不就是「上禮為之而莫之應也，則攘臂而扔之」嗎？

　　社會動亂就這麼就來了。社會大亂，天下才會跟著大亂。這亂從哪裡來？如果你不去要求別人，只做好自己，這天下能亂嗎？每個人、每個國家、每個民族都做好自己，不去要求別人，也就是說，停留在「義」的這個層級，天下就不會亂。你說，哪個國家、哪個民族的標準是對還是錯？憑啥說你們的才是對的，別人的就是錯的？所以，每個人每個國家都不應該強迫別人去認同自己，不去強迫別人一定按我的標準來做，這天下就能安了，對不對？

第四節　失去忠信的禮，是亂之首

以下開始講解：「故失道而後德，失德面後仁，失仁而後義，失義而後禮。夫禮者，忠信之薄，而亂之首也。」這是第三十八章三段內容當中的最後一段。

從德、仁、義、禮領悟「道」的體現

【故失道而後德，失德面後仁，失仁而後義，失義而後禮】。我們回頭來看，「道」是怎麼樣的？「道」是看不見也摸不著的，「道」只是一種存在。那麼，「道」是一種什麼樣的存在？人們無法明白「道」究竟是一種什麼樣的存在，只能從德、仁、義、禮這四個方面來領悟「道」的體現。

那麼，「道」在現實中存在的最高境界就是「德」，所以說，「德」是最堅決的「道」。上德之人，他心中的狀態就是「道」的狀態，他表現出來的行為是「無為而無不為」，是最高的境界。

　　那麼，「德」的下一個等級是「仁」。「仁」是心中有了分別(標準)。所謂的心中有標準，也就是說，在心中已經分出陰陽了。有了陰陽，就知道陰陽的規律。然後，我心裡頭知道這個陰陽的定律，並遵行這個定律去做事但並不表現於外，所以外人看不出來。這就是「仁」的境界。

　　若從《易經》的理論來講，「道」就是道教標榜的「無極」狀態。「德」則是「太極」的狀態。「仁」呢？就是「兩儀」這個狀態。那麼，等到「義」的時候，就分出來「四象」了。

　　兩儀再化生出四象。四象不就是神獸了嗎？若以神獸來講，就是青龍，朱雀、白虎、玄武。一旦有了神獸，就有了好壞。神獸的狀態是好是壞？神獸是凶的還是善的？這就有了區分。有了區分，然後就會有取捨。有取捨，這就是「義」。到了「義」的階段，就已經有形象，因為心中有了分別而成象。有了象以後，在現實生活中表現出來的會是什麼呢？

　　在「義」這個階段，宇宙已經化生出四象了，下個階段就是八卦。到了八卦也化生出來，整個天道就直接落地

了！這時，八卦就開始變化成天地風雷水火山澤。八卦落地在人間，就完全顯化於外；而且，這八個卦象彼此之間開始互動。比如，風與雷、天和地，它們展現出風雷激蕩、水火不相依、山澤通氣的狀態。八卦彼此互動，完全是有形的具體事物了。如果從道法規律來講，到了「禮」這個階段，天地就已完全形成並且開始運行。

這裡面是有層次的。

道德仁義禮智信，逐層往下

我們剛才講到「仁」這個境界：內心有分別，但從外表卻看不出來，這叫做「無以為」。到了「義」這個層次，內心的分別標準就很清楚了，對錯愈發分明，這時就不再按照陰陽規律來行事了。

所謂的陰陽規律是什麼？你說，是陰好還是陽好？陰是善還是陽是善？你不能那麼說，因為陰陽它就只是一種存在。當然，我們不能講存在即合理，但陰陽是有相互的對立、相互的對稱、相互的轉化、相互的消長，唯獨沒有好壞之別。所以，仁者之心包容一切。仁者的內心沒有好

壞。但已經有了陰陽。陽講究的就是個平衡。在「德」的境界，連平衡都不講。此時，不講平衡反而有平衡，愈講平衡就愈不平衡，這就是一個理。

當你不知道平衡還需要平衡的時候，基本上就已經處於平衡狀態了。因為，人若已經有了什麼就不會再去追求相同事物，只會追求自己還沒擁有的。只有自己還缺乏某種事物，才會想著「我要這個」、才會去期待。

到「仁」這個境界的時候，陰陽平衡已被打亂。接下來會出現無序、不舒服，這個時候我們會想要平衡。所以，「義」這個狀態就是什麼：我已經有了善惡的標準。注意，善惡跟陰陽可不一樣！善惡是自己定的標準，或是眾生共同制定的標準，這個標準不見得就符合道！比如，每個歷史階段對於善和惡的理解不同，因此，針對某個人的善和惡的標準也不同。

我們個人在現實中都努力地止惡揚善。所以，平常人如果不學這些道的定律、不學這些大智慧或是學了仍沒領悟大智慧，能達到的最高層級就是「義」。在「義」這個層級，我會認為：我這樣做是對的、我應該捨己為人、我應

該奉公守法、我應該大公無私、我應該捨小家為大家……這些都是「義」的層次。如果我們堅持這些標準繼續做下去，就叫做「義士」。

在「義」下一層的階段就是「禮」。在「禮」這個層級，人們會認為：我不僅自己要這樣做，我周遭的人也得跟著我這樣做；如果對方不跟著我這樣做，就是壞蛋、惡人！

在道法來講，「禮」是最下層的階段。老子在《道德經》只提了五個階段：道、德、仁、義、禮。其實接下來還有「智」和「信」這兩個階段。

在道法上來講，「智」和「信」這兩個階段就不是人了。到了「智」的階段，連「禮」這種形式都不要了，大家全憑機巧、手段，也就是所謂的憑能力去爭搶，這就是動物本能而不是人應有的行為。

「禮」這個階段還得講究外在的形式。即使內心可能是個禽獸，但對外還能保持著彬彬有禮的形，還會遵守法紀，為什麼？因為這階段的人在內心仍保有善惡的形，也就是說，還有個廉恥心。但是，到了「智」這個階段，連廉恥心都沒有了。每個人為了爭奪某件事物或利益而用盡一切手

段，連形都不要了，全都撕破了臉，不管是出賣朋友、出賣身體、出賣靈魂⋯⋯什麼都行，這就是「智」。大家都在比技巧、比能力、比誰更能不擇手段⋯⋯。在「智」和「信」這兩個階段，人不再是人，而是畜生！

形式上的禮，是禍亂的源頭

【夫禮者，忠信之薄，而亂之首也】。「忠信」屬於「義」的層級。我內心堅守的忠信，就是我認為對的、善的、正義的，所以才去堅守。這就是義的層級。

「夫禮者，忠信之薄」這句話就是說，到了「禮」這個階段，「義」已經變得很淡漠了，人的內心也不講忠信了。但是，這個時候，我做到了「禮」這個形，所以別人也得給我做到「禮」這個形⋯⋯，因為彼此相爭而引發混亂。所以老子就說「禮」就是「亂之首」。

那麼，天下現在大亂又是怎麼來的呢？你看，阿拉伯有阿拉伯社會的標準，人家奉行古蘭經，對不對？阿拉伯人認為古蘭經就是天下第一的真理，凡是違背古蘭經的就不是真理。美國基本上是基督教社會，美國有美國基督教

的標準：追求博愛、平等、民主，而且政治體制是三權鼎立，美國人認為，不這樣做的國家，不是民選的政府，就是邪惡、獨裁的。所以說，阿拉伯人、美國人就劃定標準，他自己是怎麼樣認定的，自己就怎著做，還按自己的標準去要求別人，結果就引發戰爭。

現在社會這麼動蕩，因為社會早已過了「禮」的階段了，現在都已經到了「智」，甚至是「信」的信用社會了。到這個階段，人類已經不能再墮落了，現在就已經淪為畜生了，整個地球沒有幾個還算是真正的人了。

如果按照道的標準來講，過了「禮」這個階段，再往後就天下大亂了。事實上，到了「禮」這個階段就已經天下大亂了。天下亂了以後，不管是「智」還是「信」的階段，大家都是畜生了，連人都不是了，所以老子就不提了。

利慾薰心，將人類拉向深淵

雖然人口愈來愈多，但還稱得上是人嗎？人都已經墮落成阿修羅了！天天就為了那麼一點利益去爭鬥。再也沒有人為了義去爭鬥，為了平衡、和諧去爭鬥了，全都是為

了自己當下的利益爭得你死我活的。

現在的社會，不管是個人之間的衝突，還是國家與民族之間不擇手段的戰爭，全都是為了一個利字。多可怕！整個人類已經墮落成什麼樣子了，才會發展出核子武器、生化武器、基因武器。現在有很多國家之所以發展智能機器人，又要到外太空探險，也都是為了一個利字。利是唯一的巨大動力，所有一切都建立在利益的基礎之上，整個人類最後一定會毀在這個利字。

利是什麼？是將人類拉向深淵的物欲。我們不斷地加強這種物欲，就不斷地向深淵墮落；我們的靈魂、心靈沒有得到任何提升，反而被這種強大的物欲給拉下了地獄。當整個人類全都被拉下去的時候，人類就會瞬間滅亡。這時，人類在宇宙中存在還有什麼意義呢？人類只會搞破壞，如果這種人還繼續存在著，還是這樣地被物欲驅使，即使科技不斷進步，國家不斷地強大，人類在未來將成為宇宙的害蟲。因為，人類利用科技這套東西脫離地球，到了外太空之後還是會繼續掠奪。如此一來，人類就成了宇宙的「魔」。

你說，老天能允許人類這樣做嗎？人類現在還很弱

小，在這麼弱小、還離不開地球的時候就惡劣成這樣了：物欲橫流、不擇手段、毫無底線……。如果上頭真有神明，神明能讓這批人去統領、占有宇宙嗎？絕不可能。

　　所以，為什麼要學《道德經》？當我們知道這些理與這個道了，就知道應該如何做人。我們先做好身為人該做的事，然後再探求如何修德、怎麼得道。透過不斷地昇華，能促使我們放下對物欲的追求，讓我們恢復一個正常的人的狀態。不斷地朝這方向來做，還能讓我們少思寡欲。我們愈少思寡欲，就愈能放得下物欲，心靈也就愈能夠獲得修復，最後就能昇華、圓滿。

　　我們不能任由強大的貪欲把人類拖向地獄，唯一的解脫之道就是放下對物欲的追求，並且去圓滿、昇華心靈。也就是說，我們心靈的成長速度一定要趕上科技的發展速度。我們要用心靈去引領科技，而不是讓科技來引導心靈。科技只會把我們拖向地獄，人的心靈絕不可能因為科技強大而獲得昇華，絕不可能。我們如果搞錯方向，那就是本末倒置，人也會因此被自己毀滅。因為，搞錯方向了，人最後就會被那強大的物欲、貪欲給反噬，然後自我毀滅。

炫耀自己聰明的人其實最蠢

【前識者，道之華，而愚之首也】。什麼是「前識」？識就是知；前，超前的意思。「前識者」就是具備超前智慧的人，這種人在西方叫做先知，或又稱為智者、達人。這句「道之華，而愚之首也。」裡的「道之華」是什麼意思呢？華，是華麗的外表。「道之華」，用道來裝飾成華麗的外表。「愚之首」，最蠢的人。

我們怎麼來理解這段話？所謂的「前識」，就是那些總愛在人前表現出自己一副掌握著超前的大智慧、知識或學問的人。這樣的人呢，用大道來裝飾自己，就像披著華麗外衣（道之華）一樣地矚目。但是，這種人卻是最蠢的人（愚之首）。為什麼要這麼理解「前識者，道之華，而愚之首也」的意義？我們來看下一句就知道了，因為這兩句話是有連帶關係的。

【是以大丈夫居其厚，不居其薄】。所謂的「大丈夫」，指的是真正掌握大智慧的人。他不會把學識當成自己炫耀用的華麗外衣。炫耀就是「薄」。為什麼說炫耀就是「薄」？因為，一旦表現出學識，也就顯示於外了。真

正的大丈夫，也就是掌握了這套大智慧的人，他是「居其厚」的。何謂的「厚」，也就是藏得深。比如大地，我們只能看到地表，但大家都知道大地不僅廣闊還深不見底。像這種只能見到表面卻不知底下藏有什麼或多豐厚的，就叫做「厚」。

所以，這句「是以大丈夫居其厚，不居其薄」就是說，真正掌握大道至理的人，一定知道深藏、收斂的道理，因此才不會利用大道智慧來提高自己身價，他的智慧永遠都不會輕易地表現於外。這句「是以大丈夫居其厚，不居其薄」是對我們的一種告誡。

有道者，厚積而薄發

或許有人會質疑：「老師，你說修行得道的人是不是都不能表現？這樣表現就不對了？」其實不是這樣。這當中還是個陰陽之理。，也就是說，我們學《道德經》一定記住，裡面的內容並不是絕對的，老子這樣主張其實是有前提的。你說，如果歷史上這些聖人大家都不表現——比如，如果老子不留下《道德經》，我們不會知道老子的思

想如此深刻。還有，跟老子同時代的孔子，孔子一生教化三千門徒，這是不是也是一種表現呢？孔子編纂六經並為這些經典進行釋疑，這是不是也是一種才華或智慧的呈現？

這句「是以大丈夫居其厚，不居其薄」並不是要我們絕對地深藏、要我們完全不去表現，而是說：聖人（真正得到大智慧的人）並不以此炫耀、不以此自是。很多人自炫自是，不過是想以此為籌碼去得到什麼，這就違背道家的無為立場了。

所以要好好理解這句「是以大丈夫居其厚，不居其薄」。所謂的深藏，並不是要人完全地不顯露自己的才華與能力。其實，只要是金子，即使深埋在土裡，遲早會發光。有才有德的人，其實是遮掩不了才德的。但是，我們即便有才有德有學識，也不該炫耀。所謂「前識者，道之華，而愚之首也」的意思就是，如果你把這些道的智慧當成華麗外衣，然後披著這件外衣四處炫耀：「我有這個東西、我會什麼……」？這種舉止是要戒除的，你不該炫耀這些智慧。（「居其厚而不居其薄」）。

真正掌握大智慧的人是要對社會有貢獻的，但他不會

因此炫耀。比如說，都江堰的創造者李冰，人家留下的都江堰歷經兩千多年仍發揮極大作用。李冰是通曉天道的人，他將自己掌握的這些大智慧應用在對天下百姓有用的治水工程，把川蜀大地從一片水鄉澤國變成了天府之國。四川當地兩千多年來受益於都江堰的水利之便，但是李冰可沒有因此炫耀，人家沒有自我炫耀說他得道了，上知天文下曉地理什麼的。我們不知道李冰到底還掌握了哪些天道智慧，只知道這個人解決了四川用鹽的問題、解決了四川人的灌溉與洪水的問題，我們迄今仍受惠兩千多年前李冰在四川做下的功績。你看，這功勞多大！還有，孔子研究上古經典，悟得大道之理、得到了大智慧，人家孔子也沒有以此炫耀，而是廣收門徒傳授這些智慧。孔子把這些天道智慧傳播出去，這就是一種轉化。

「大丈夫處其厚不居其薄」，這裡的「薄」是指淺薄。老子讓我們戒除淺薄的言行舉止，要厚重，不要輕。《道德經》二十六章說「重爲輕根」，指的就是重乃輕之本，所以要守住厚重的準則。那麼，如何去運用這個理？老子在這段指出，真正得道的人，不會把智慧當成炫耀的東

西。像是把智慧當做自我誇耀、炫耀，或是自以為是地炫耀學識、才能，好提高身價的舉止，這是不可以的。

智慧，不是炫耀用的東西

【居其實，不居其華。】看見沒？這句的意思就是剛才我講過的：這套大道之理的大智慧，我們是要拿來應用的，而不是拿來炫耀的。

可不能說，學了《道德經》第三十八章，看到「是以大丈夫居其厚，不居其薄」這段，就不敢運用天道智慧了，覺得自己應該要深藏起來，千萬不能被別人知道。關於大智慧（大道之理）的隻字片語，連提都不敢提……。這樣想就錯了！老子還是鼓勵修道者能夠妥善運用所學，只是要「居其實」而「不居其華」，要避免那種自我炫耀。

那麼，在運用這套大道之理的時候，應該要不遺餘力、沒有任何設限地分的發揮，並沒有所謂「隱藏」的疑慮。但是，再發揮過後，就該立即收斂：「我就是一個普通人，我跟普通人無異。」絕不自我炫耀，絕不把自己應用大智慧這件事當成高人一等的資本。炫耀、自以為高人

一等，這樣的心態與舉動就叫做「華」，我們要去其華。

　　【故去彼取此。】那麼，這裡說的「去彼」，到底是要去掉哪個？就是那種把道的智慧當成自我炫耀的資本的舉止與心態。至於「取此」，取的又是什麼呢？這裡要我們「取實」：實實在在地運用天道智慧在人間做事。「取實」這一點是我們要學習的。

第五節　從道德仁義禮傳達三層意涵

本章開篇提過，《道德經》第三十八章若按照字面意思，基本上可分成三大段──第一段告訴我們上德、上仁、上義、上禮各是怎樣的標準。接下來第二段則告訴我們為什麼禮是亂源。最後一段，則講述的第三層意涵就是不炫耀的智慧。

個人該如何修行、提升境界

原文：「夫禮者，忠信之薄，而亂之首也。」為什麼禮是亂源？我們先從個人修養來看這件事。

所謂「反省」就是自我領悟、自我對照。那麼，我們來反省一下自己：老子在《道德經》第三十八章提到五個修為境界：道、德、仁、義、禮，我現在處於什麼階段。如果我是處於「信」這個階段，就代表我連信用都沒有了。那麼，我若能夠守信、忠信，就能往上昇華到「禮」的階段。

「信」和「智」這兩個階段不需要去學，因為那是人的本性。我們需要修的是，從「禮」這個階段往上的那四

個階段。

如果我現在處於「禮」這階段，我就向上修成「義」。在「上義」這個階段，我只按心中的善惡標準去不斷地參悟。參悟我自認的善是否就是真的善？我認為的惡是否就是真的惡？然後做到一點：去做我認為是善的事，停止去做那些我認為是惡的事，這叫做止惡揚善。雖然我按照善惡標準行事，但我都不這樣去要求別人；因為我知道每個人都有自己的善惡標準，每個人做事都有他自己的原因和理由。當我不去要求別人之後，這我就可以從「禮」這個階段逐步往「義」去昇華。

當我昇華到「義」了以後，再去參悟所謂的善惡、好壞、美醜、正義等標準是否符合道。凡事都從道的角度來看：什麼是善惡？什麼是好壞？什麼是正義？什麼是邪惡？什麼是美醜？什麼是對錯？這個時候，我就必須得學習大道之理，也就是這些基本的陰陽規律。學會了大道之理、陰陽規律之後，我就能夠一點點地趨近「仁」這個階段了。

在「仁」這個階段，我愈來愈能放下那些我自認為的善惡美醜對錯等標準，這樣子就會愈來愈接近陰陽之理、

愈來愈接近於達道。

那麼，當一個人從「義」的境界慢慢地接近「仁」的境界，這就是修行的一個過程。所謂「順成人，逆成仙」，修行就是要逆著來。

等到真正瞭解陰陽的道理了，就會發現：原來，先前所認為的善惡，只不過是自認的標準；但是，我的標準可不一定符合客觀現實、可不一定符合大道之理。這是因為人眼能看見的、耳朵能聽到的太過侷限了，所以聽到看到的並不是事物的全部，只是表面，甚至只是某一個面上的某一點。當明白這個道理之後，就能放下我自認為的那些善惡標準，內心就能平靜下來。

並非明白上德就能無不為

當人達到「仁」的境界，這個時候內心就會平靜，就能做到「不以物喜，不以己悲」。因為，能明白任何事物都有兩面性。所以，當在現實中碰到磨難、被人誣陷，或是遇到令人欣喜若狂的事情，都能看到兩面性，心就會定下來了。這個就是「知止而後有，定而後能進」。那麼，

這時候就會接近「德」的狀態了。要持續不斷地往上修，才能修到「德」這個境界。

我們要一點點去體會「上德無為而無不為」的真理，這是個漫長的過程，不是那麼地簡單！並非只要說「上德無為」就能做到「無不為」。因此必須認清自己現在處於哪個階段，然後按部就班地往上修。

基本上，現在的人大多停留在「禮」這個階段，從道這個體系來講，是最下層的階段。基本上，世間所有人都是在這個階段。其實，處於「禮」這個階段就已經算是不錯，還有人已經墮落到非人的「信」、「智」階段。

在「禮」這個階段的人，最大特徵就是：會不覺得你自己在要求別人，但其實你就是在要求別人；會覺得自己一職都很願意給別人自由、讓別人自主、讓別人過他自己的人生，其實不然，你總是有意無意地想去操控他人。這叫做什麼？「上禮為之，而莫之應也，則攘臂而仍之。」

從親子關係來看，父母在面對孩子的時候，父母總是以自己的標準去衡量孩子——能符合你標準的就是好孩子，不符合的就不是好孩子。你想想自己、看看別人，很多父母

不就是這樣嗎？

　　不管師生關係、從屬關係……，任何關係都是如此。如果你是教師，你評價學生的時候，也是看對方符不符合你的標準。當你是主管的時候，你就會去看下屬是否符合你的標準。

　　千萬不要以為「無為」是很容易達成的狀態。在你還不懂道、德、仁、義、禮這五個等級的時候，你會覺得要做到「無為」是件很容易的事：「無為？不就是放下嘛！我只要做好自己就夠了。」甚至有人會這樣地自以為是：「我就像太陽一樣，只需按照自己的規律去運行即可，哪裡還需要管別人呢？你把事情想的太複雜了！」會這樣說的人，就是因為自己的人生境界太低了，比如，你現在處於「禮」這個階段，因為離「德」與「無為」很遙遠，就會把它們想得太容易，覺得自己只要明白這個理就能做到。但是，你就是做不到！

　　所以說在《道德經》第三十八章裡頭，「德」是什麼？到了「德」這個層級，天道就就已經開始落地了。第三十八章不僅講「道」、「德」等五個層級，還直接告訴

我們：人在現實中該怎麼做才能朝向「道」的狀態昇華。

別強迫別人遵守自己的規則

《道德經》第三十八章開篇第一段就在講述人生的五種層次，也就是人的五種層次、等級。

我們要檢視自己現在處於哪個境界，然後一個境界一個境界地往上修。那會是個相當漫長的修行過程。這輩子能修到哪個境界？不一定。我們這一生若能從「禮」修到「義」，就已經很不錯了；只有少數人能從「義」修到「仁」的層次。

「仁」是儒學的最高標準。因為儒學要把這些大道之理落地，「仁」就是大道之理徹底落地成形的第一步。

歷史上也沒幾個人能修成「仁」這個境界，更別提「德」和「道」了，人在到達這兩個境界之前就都成了佛。「無為」這個境界，就等於佛家的「菩薩」。就佛學這個體系來講，人是無法達到「無為」狀態的，那只是理論而已。要修到「無為」的境界，得有真正的身心變化，不是那麼簡單！所以，道家的「上德」境界，就相當於佛法體

系裡的「菩薩」。你看，歷史上有幾個人修成菩薩了？太少了。所以，我們現在學道，別把目標定得太崇高、遠大。目標可以訂得稍微高、稍微遠一點；但是，修行之路卻一定要一步一步地踏實走。

我們從《道德經》第三十八章能學到的第一件事就是：不要按照自己的標準去要求別人。若能先做到這一點，就能往「義」的方向修了。因此要期許自己先成為一個上義之人，先從這個目標開始修道，並要不斷地學習宇宙自然之理、大道之理，同時也要不斷地反思自己所認定的那些標準。比如，所謂的善惡美醜對錯，真是如同我想的是那麼一回事嗎？我認為的都符合大道之理嗎？是宇宙真相嗎？是客觀的嗎？

這樣地不斷反思、不斷地捫心自問，這就是儒家說的「格物」。一般人在格物的過程中會不斷提升，自己也能因此不斷地放下錯知錯見，最後才能形成正確的知見，這就是修行的正路。

所以，不管是佛法也好，道法也好，儒學也好，其實都是思維修。思維要怎麼修？修行可不是只要打坐運氣才

是修行，真正的修行是透過思維活動來修行，不斷地修正自己，這就是「正知見」。

佛家說「定靜慧」，這個「定」是怎麼來的？可不是你在那兒是長期打坐不動，也不是吃齋念佛多年，這跟你的知見能否修正完全是兩回事！打坐、吃齋念佛，都只是助行。真正的修行，一定要從思維層次來起修，這在佛法就稱為「解悟」。我們學經典，就要做到「解悟」這一點。

《道德經》第三十八章接下來就告訴我們：禮乃亂之首。為什麼「禮」是亂之首？因為，處於「禮」這個境界的人，會用自己的標準去要求別人。然後，愈是強大的，要求對方的時候就愈有力度。比如，身居高位的人如果要求地位背下的人遵照他的命令去做。如果方不遵守，高位者就懲罰他；如果對方遵守了，那就獎勵。這麼一來，大家就對高位者、力強一方提出的要求趨之若鶩，這就是亂之首。

別把智慧當成炫耀的資本

《道德經》第三十八章最後一段，講述的第三層意涵就是不炫耀的智慧。像是天道這種深奧的學識、高等的大

智慧，可不是讓人用來顯擺的，而是要被人用來做有益的事情。所以，人如果擁有這種大智慧就必須深藏。所謂的深藏，意思是別總把這些關於大智慧的內容掛在嘴邊炫耀，比如，說「我多麼有智慧，我通曉多少部經典，我會什麼與什麼……」你不把天道智慧拿用來做實事，這是不可以的，所以老子在這裡提示我們：要去其華、居其厚、居其實。

當做事的時候，你要不要應用大智慧呢？要的，而且要義無反顧地大用特用。不然，你學這個幹嘛？重要的是，當事畢功成了，就要立即功遂而身退，不以此炫耀，這叫「故去彼而取此」。不以此為傲也不居其功，這就是《道德經》第三十八章第三段教導我們的智慧。

第四章

得一，萬事萬物得以豐盛久安

——《道德經》第三十九章

萬事萬物天生就帶有對立的陰陽兩面。

陰陽和諧，就能呈現美好的狀態；

反之，則引發混亂與痛苦。

本章就在教我們如何應用得一的智慧。

第一節　得一，萬事萬物豐盛久安

《道德經》第三十九章

【昔之得一者，天得一以清，地得一以寧，神得一以靈，谷得一以盈，侯王得一以為天下正。其致之一也，謂天毋以清將恐裂，地毋以寧將恐發，神毋以靈將恐歇，谷毋以盈將恐竭，侯王毋以貴高將恐蹶。故貴必以賤為本，高必以下為基。是以侯王自謂孤、寡、不穀。此其以賤之為本歟？非也？故致數與無與。是故不欲祿祿若玉，硌硌若石。】

《道德經》第三十九章全篇闡述「得一」道理。所謂「得一」，就是陰陽融合並且達到平衡的狀態。在現實中，不管順遂或波折，都要知道陰和陽這兩股能量的存在，並進而妥善利用。

一就是太極，道的初次演化

【昔之得一者】的「昔之」是什麼？昔，指的就是宇宙最初形成的時候，也就是一開始最早、最原始的狀態。

天地是怎麼來的？因為「一」才有了天地。「一」在

這裡又是什麼意思？其實，「一」就是道的另一種稱呼。道本身就具有「一」的特性，所以，這裡用「一」來代表道。

那麼，「一」會呈現什麼特質呢？首先，「一」是獨立的；其次，「一」是整體的。

「一」在這裡說的就是「道」，也就是道的第一次演化：「一覺無明」。這樣詮釋才有意義。如果只從道的角度來講，道還不能叫做「一」，道連「一」都沒有。但，道也不是「零」。所謂的「零」就是什麼都沒有。

「道」是無極，包含了一切。但是，大家卻都看不到「道」。沒有人知曉「道」是否存在，但，如果說「道」並不存在，你又可以感受到它的存在，所以這是一個基點。

然後，當「道」到達「一」的狀態，也就到了「太極」的狀態。所以，「太極」這個狀態就是道的第一次演化，這就叫做「一」。

因為有了「一」，宇宙才得以誕生、開始生成。那麼，「一」又是什麼？根據我們的理解，「一」就是那個混沌狀態中的觀察者。在一片混沌之中，突然之間就出現了一個觀察者。

　　觀察者是怎麼來的呢？關於這件事，道法、道學或佛學都各有說法。道家說「靜極生動」，這一動就是「一陽初生」，也就有了觀察者，然後宇宙就隨之開始分化、形成粒子。宇宙萬物就是由粒子構成的。佛法則告訴我們，這叫做「一覺無明」，無明一生、一分別，觀察者就出現了。

　　這句「昔之得一者」的意思就是：宇宙萬物和人都來自「一」。老子在《道德經》第四十二章也這麼寫：「道生一、一生二、二生三、三生萬物」，告訴我們宇宙就是這樣來的，是從道生出了一；一再分化成了二；到了二這個階段，就出現了陰粒子與陽粒子，也就有了宇宙萬物。當陰陽粒子出現之後，由於陰陽是對立的，我們把陽稱為天，陰叫做地。清淨、無為、上升的就歸於天，濁氣下降的就屬於大地，這就叫做「二」。

有了人，宇宙才能三生萬物

　　那麼，「三」又是什麼？其實就是人。剛剛提到了「二生三」，就是天地人都具備了，這時萬物才開始化生。其實，如果沒有人、只有天與地，萬物萬物也會化生，但是，

沒有人的宇宙就沒有意義了。所以，這裡頭說「三生萬物」，萬物其實本來就在那兒；因為，當宇宙有了二，就有了陰陽，也就有了萬物。但是，沒有人的宇宙卻是沒有意義的。所以，必須要有人（也就是三），這個世界才有意義，萬物的存在才有意義。因此說「三生萬物」。

　　這個「一生二、二生三、三生萬物」到底是什麼意思呢？對人來講，這個世界、這個宇宙的生成與發展如果沒有意義的話，那麼，整個宇宙包括風雨、天地、山、澤雷電，僅僅是一種自然現象的存在，並沒有意義。有了人了，世界宇宙才有意義。這道裡就像我們在一片沙漠裡，沙子本身就是沙，然後沙子又形成了各種千奇百怪的樣子。不管沙子形成的樣貌有多麼特別，它也只是沙子，只是一種存在，沒有什麼特別的意義。只有當人進入這片沙漠了，這片沙漠就有了生機、就有了意義。這個時候才有了萬物的成、住、敗、空，才有了萬物的作用、功能。這叫做「三生萬物」，必須加入「人」這個要素。

　　然後說宇宙之所以有了時間、空間的概念，有了成、住、敗、空，有了大小、前後、左右、內外等這些就是它

的意義則表現，以及功能作用。所以說「人」這塊是由我們自己來修煉自己的。

怎麼修呢？說「逆者成仙」。人從道而來，然後經過不斷地昇華。從這個角度來看，人要遵循道德與道的規律，我們以求它的長久，它的穩定，向著更好的方向去發展。我們愈接近道，就愈能夠離苦而得樂，心也愈安。

不斷地分別，會淪落到地獄

順著這套邏輯：一生二、二生三、三生萬物，三生萬物，三的後面就有四象與五行，五行之後有八卦⋯⋯，順著這套邏輯繼續發展下去，分別會愈來愈明顯。整個宇宙就是透過分別而來的。然後，人跟著持續分別下去，就會變得愈來愈固執。觀念愈來愈固著，想法愈來愈執著，思想愈來愈偏激⋯⋯。其實，如果繼續這樣子分別下去，人類的物欲會愈來愈強，也因此會愈來愈墮落。如此一來，我們離「家」就愈來愈遠。

這個家在哪裡？所謂的家就是道。「一為舍」，舍就是房屋的意思。道是我們的家，舍是我們的房子。一為舍，

二就是路。二也就是陰陽，陰陽就是路。所以，順著這個邏輯不斷地分別下去，分別會愈來愈強，最後強到變成分裂的程度，那就會導致撕裂與痛苦。一切痛苦都是從這來的！愈發展下去就愈有分別，我們就愈痛苦。所以，我們要找到回家的路。

佛法也說「回頭是岸」。為何要回頭？回頭就是回到我們來之處。人類愈來愈墮落，從無色界墮落到了色界，在色界七情六欲開始萌生，我們就繼續墮落到了獄界。獄界本來還有天人，當天人墮落成人之後，又從人這個境界再往下墮落成為畜生、阿修羅、然後變成惡鬼，最後成為地獄眾生。就這樣地不斷墮落下去，墮落到最後的境界就是十八層地獄。十八層地獄最底端的無間地獄永無出期，眾生在這裡不斷地受到無盡的痛苦。所以，我們不能順著這個路發展下去！

《道德經》就指引了一條正道，讓我們得以找到回家的路。人類起初也是神，本來就具備不漏的大神通，但是由於「一覺無明」而有了分別。有了分別，無漏大神通就因此喪失。因為，人一旦有了分別就會被侷限住，一侷限

你就做不到「盡虛空遍法界」。

為何會這樣？因為，這個世界不再是一個整體了，有了分別就有了兩面性，整個世界、整個宇宙就會變成了兩面。原本是渾然一體的宇宙，因為有了分別，就跟著有了好壞、對錯，正反、上下、左右、裡外、前後等成組的對立。所以，一旦有了分別，這個世界的整體性就會被分割成兩半，這整個世界就不再是「一」，而是來到了「二」的狀態。

如果這個宇宙不斷地繼續分別下去，宇宙團就會愈來愈狹窄，人的格局就會愈來愈小。到最後，整體就被分割成無數的小碎片。我以為這些小碎片就是整個宇宙，其實，格局愈來愈小的人類，到最後就從神族墮落成凡人。

所以，我們現在就要從凡人的這個境界向上修，找到來時的那條路，逆向往回走。我們要回到家，這個家就是道。所以在這裡面的話其實就是在給我們講這個道理。

第二節　形靈合一，整體長盛不衰

接下來這段「天得一以清，地得一以寧，神得一以靈，谷得一以盈，侯王得一以為天下正。」，大義是：宇宙萬物即使再分別、再分裂，但是，再細小的碎片也都含有整體性，這個整體性就是「一」。

我們如何才能夠得到整體性？以人為例，人的本身就具有整體性，所以我們的心要分出陰陽、掌握陰陽運轉的定律，然後從中去尋找「一」。這也是我們為什麼要修道的原因。

得一，萬物才能擁有生命

那麼，該如何找尋「一」呢？一個生命體必須具備兩個最基本的要素：形與靈。形是彰顯於外在、是肉眼能看到的物質。有形之物由粒子構成，粒子就代表了陰陽當中的陽。萬事萬物皆有陰陽兩面，光是有形還不能稱為生命體，還得有靈。靈和形不可須臾分開，是一體的兩面。人是一個生命體，人的陰陽兩面各是什麼？一個是形，一個是靈。形

的背面就是靈，靈的背面就是形。所以，生命體要如何才能夠穩定長久、不衰不老、不死也不消散？就是形和靈合一。

　　人只有在形和靈合一的狀態下，生命體才能夠長生久視。一旦的形和靈分離，生命體立即消失，就不存在了。所以，活著的人是生命體，死的人就不叫輆生命體了。雖然死人的肉體仍存在，但已經不是一個生命體了，因為死人的陰陽已經分開（靈魂脫離了肉體），陰陽一旦分開，生命體就不復存在。

　　這個理也可應用於宇宙萬物。比如，天也是由形和靈構成的，天有基形，同時也有靈。形和靈合一，它倆不分離、融為一體的時候，也就是處於「一」的狀態，天這個時候才存在。這個天是有靈的天、有生命的天，這個天也是一個生命體。

　　其實，天就是大自然，大自然也是一個活的生命體。大自然按照一定規律運作，所以是活的。至於大地，大家都認為大地由土構成，而土屬於物質，所以大地就只是物質而已。其實，大地也是一個生命體，它也是一個活物，不是死的物質。你看，地表生長萬物，萬物當中有植物有動物（也

包括人），這些生物全靠大地來生養。我們所處的大地，本身就是一個活的生命體，所以我們才能生活在大地之上。

【天得一以清，地得一以寧】。只要是活的，就必定有靈也有形。大地的形就是山川、河流、草原、沙漠。那麼，大地也有它的靈，大地怎麼能夠安寧？天怎麼能夠清？

【天得一以清】。清的意思就是按照正常的軌跡、規律去運行。比如，每天正常地日出日落，太陽從東邊升起，從西邊落下，晝夜都是按照一定的規律而來，四季也都遵循一定的規律。比如24節氣，到了某個時節就是某個節氣，大自然也會呈現該節氣應有的狀態。比如，該冷就冷，該熱就熱，該刮風就刮風，該下雨就下雨，該打雷就打雷，這就是「清」。

天本身就帶有「天得一以清」的這個「清」的屬性；至於「一」，指的就是天的神和靈。當天的靈與形合而為一的時候，就是一個生命體。這就是「天得一以清」的意思。

【地得一以寧】。相較於天有二十四節氣等變化，大地則相對地穩定，即使有動蕩，像是桑海滄田的變換，也

是有規律的，不是亂動的。大地的變動為什麼有規律？其實，這道理就像一個正常活著的人一樣，人每天都有固定的作息時間，然後按照這個作息去生活。這作息是有規律的，有規律就有節律。所以，在這個狀態之下的大地，即使有山海滄田的變化，生活在大地的人們也能適應。因為，人知道大地要怎麼變，所以就能去適應。

【神得一以靈】。什麼是「靈」？這裡以大地為例來說明。方才提到，大地是活的生命體，大地的變動有規律、有節律，這是因為大地是陰陽合一的，大地不僅有這個形，同時還有靈。是靈在運作，所以形的運作也變得有規律。

現在提倡唯物主義，信奉的是科學而不是迷信，連帶地也丟失了中華民族傳統對於靈這方面的理解。

比如，老一輩的人常會感恩地說全都是神仙的保佑，認為神明具有強大的力量。那麼，神怎麼能這麼靈？神的力量來自哪裡？其實，神一樣也有心、有形，而且達到「得一」的狀態。這是什麼意思？神也跟天地人一樣，都具有陰陽兩面性，也就是形與靈。當這兩個對立的陰陽合而為一的

時候，神才有力量，才會那麼靈驗。神本身也是大自然裡的一個存在。大自然、宇宙的意義，就在於生命體。任何一個生命體，他（祂或牠）看到的宇宙、感知到的宇宙都不同。宇宙是一個客觀的存在，但是，當各種生命體去感知、觀察宇宙的時候，他們感知到或觀察到的宇宙，全都是從自己內心投射出來的，因此，每個生命感知到或觀察到的宇宙是不一樣的。所以，我們說「天地因人而存在」，這叫做人的宇宙。人的宇宙會因人而存在，狗的宇宙則會因狗而存在。每一個生命體都有為他存在的宇宙。

【谷得一以盈】。「谷」是指全天下的植物，「盈」則是充盈、充滿活力的意思。這句「谷得一以盈」的字面意思就是，全天下的植物已經充滿了活力、生機勃勃。

什麼叫「盈」？　所謂的「盈」，應該是盈而不空、清而不虛。以植物來說，怎樣才是處於「盈」的狀態呢？當植物是活的時候就是「盈」的狀態。這時，我們去觀察這棵植物，它的外貌型態是枝繁葉茂，看起來也顯得精神飽滿、很有活力的樣子──枝繁葉茂，其實是精神飽滿、有活力的結果；而植物之所以精神飽滿、有活力，則是因為肉眼看不

見的靈在發揮作用。植物的形和靈如果配合得好，這棵植物就是一個活力旺盛的生命體。

當一棵樹還有靈的時候，這棵樹就活的樹。如果這個棵樹沒有了靈，靈分散了或是離開了，樹的形和靈柩不再合一，雖然樹還站在那裡，但枝葉就不再繁茂，最後這棵樹就會變成枯樹，只是立在那裡，只有形而沒有靈。枯樹的狀態就不能說是「盈」，因為「不得一」，形和靈分開了。

「一」就是陰陽的合體。任何人事物只要陰陽融合，就會恢復成一個整體。「不得一」就是陰陽分解。當陰陽分解了，那個「一」也就沒了。樹木「不得一」就會枯萎甚至死亡。這時，這棵樹就不再是「盈」，而是要叫做「孤樹」了。

不得一就孤。人也一樣，人的靈如果離開了身體，這個人就是一個死人。而且，他的形在幾天之內就會腐爛。為什麼活著的人，身體不腐爛呢？就是因活人的形和靈在一起，人才有生命力。有了生命力，就會有成、住、敗、空，所以，活人難免會有生老病死。一個生命體按照這個規律，就是「得一」。

治國需得一，統治才會安穩

【侯王得一以為天下正】。從治理國家角度來講，怎樣才能夠治理得好呢？其實，國家能否治理好，取決於諸侯的王和帝王，也就是這句說的「侯王得一以為天下正」。

這句的天下就是國家。侯王就是國家的領導者。若用人體來譬喻國家，百姓就相當於四肢及組成身體的細胞，侯王則相當於大腦。天地怎能得一？陰陽怎能合體？人的形和神怎能合一？其實都取決於執掌者，也就是執掌人體樞紐的大腦，不取決於構成身體的細胞和四肢。細胞和四肢只負責運行和執行。一個國家能否長治久安、讓百姓安居樂業、國勢能否強大富饒，領導者就是關鍵。領導者是什麼狀態，就會決定了這個國家的走向。

如果侯王能通曉大道運行之理：「得一」，在治國方面就會變得有形有靈。所謂的靈，就是治國的精髓。至於治國的形，就是大道落地之後應用於人世的這些綱常、倫理、法治。侯王在治國時若能很好地結合靈與形，在治理國家的時候就會得心應手。

從道的角度來看，國家也是一個生命體，生命體必須活力盎然才能長久，不然就是一堆死肉，很快就會腐爛。「一」就是形和靈如何結合的智慧。也就是說，候王掌握了治理國家的「一」，這個國家才是活的生命體，這個國家才能按照它自己的規律去發展、運行成、住、敗、空的過程。即使發展過程有高峰與低谷，只有在活的狀態之下才能生生不息，持續地向前發展。

物慾過於旺盛，心靈就枯萎

那麼，如何保證生命體處於活的狀態？就必須靠「得一」了。「得一」是唯一一個最重要的前提。

我們會覺得，人活著就是活著嘛！這是客觀存在；至於有沒有靈？那是迷信的層次。但是，你如果連靈是存在的這件事都不相信的話，你憑什麼「得一」？你就只知道肉體這個形，然後每天就為了這個形去努力，讓肉體更舒服，讓肉體吃得更好，讓肉體睡得更香，讓肉體住大房子，讓肉體開著豪車……，全都是為這個形。至於靈需要什麼，你知道嗎？對吧？現在的人只知有形，不知有靈。雖說，不管人是

否知道靈的存在，靈依舊是存在的。但是，當這個人不知道他自己的靈是確實存在的時候，他的靈雖存在，卻因為人只知道為形去努力，每天汲汲營營地滿足肉身的各種需，完全不顧及這個靈，這個生命題就會失衡，因為，整個生命體就會被形體（肉身）所奴役。

肉身這個形體散發出來的是貪嗔痴慢疑等欲望。我們不斷地滿足形的欲望，完全忽略了心靈的需求，這樣就導致我們愈來執著於欲望，希望能夠讓我們的形體獲得滿足；然而形體的滿足是沒有底線的，欲望是個無底洞。同時，形愈滿足，精神就愈淡化，也就是心靈會慢慢枯萎。如此長久以往，我們的形和靈就一點點地分離了。因為，你不在乎精神層次的需求、不在乎心靈的提升，那麼，靈就會逐漸遠離你。

所以，人如果一味地被物欲牽引，形上的物欲就會把我們拉向地獄、拉向深淵；因為，一切的犯罪、妄想、執著以及追求都是為了滿足形。而形是愈去滿足卻愈覺得不足的，因此我們就不斷地犯罪、妄想、執著……，愈陷愈深。

人若想提升境界，就必須去關注自己的靈，也就是精

神體，俗話說的心靈。我們只有從心靈，也就是精神層面開始努力，這樣做就必須先看清欲望其實是個無底洞的真相，從而少私寡欲。只有少私寡欲，重視精神領域，心靈才能獲得提升，進而達到肉體和心靈精神的平衡。這個相對平衡的狀態，就叫做「得一」。

人在「得一」的前提下，我們這個生命體的存在才能長久。長久的，不僅僅是指現在的肉身，同時也是指精神（靈）。其實，一個生命體的肉身是可以變換的，只有靈是恆久不變的。我們的肉身就像一件衣服，靈只是暫時穿一下，讓這個形體來防護裡面的靈。過一段時間，我換一件新的衣服，又過段時間再換一次。我不斷的換，不斷的換，肉身是可以不斷地換地。所以，什麼是真、什麼是假？我們的精神體是真，我們的心靈是真，因為肉身可變換，只有靈才是永遠跟著我這個生命體的。所以，靈又被稱為「真身」。

身心平衡才能達到得一狀態

在修行的時候，當然不能為了注重精神體和心靈，就完全不去在乎肉體這個形。那樣做就過了，就是不「得一」

。剛已講過，「一」是陰陽的平衡。所以，我們不僅要注重心靈，也要在乎肉體。當身心達到平衡了，這才是「得一」。

但是，並不是得了「一」以後，肉身就能一直地長久存在於世間。不是那麼簡單！這當中有它的一個規律。

當我「得一」的時候，自己的命運就掌握在自己手裡了，自己的生死就掌握在自己手裡。我的靈就是我的真身，我這個生命體如果一直跟我的靈在一起，我就能掌握我的命運。

但是，生命體卻不能一直都跟肉身在一起！肉身就是欲望，那是個「假」（暫時的存在）。我們如果一直跟肉身在一起，就等於跟欲望、跟「假」在一起。平時我們為肉身服務而不斷地努力，一旦肉身消亡，我們就什麼都沒有了。因為，天天為了肉身的欲望去奔走，耗散的是精氣神，也會讓自己的靈因此減壽。平時我們不去灌溉心靈，而是天天都在耗散心靈，這個靈就會愈來愈弱；等到衰弱到一定程度之後，原本應是永恆的靈，同樣也會消散。

你說，人的痛苦來自哪裡？其實，靈愈消散，人就愈

痛苦。那麼，人為什麼會感到幸福、開心、充盈？其實就是靈這個真身很有活力的關係。靈愈聚，心靈就愈昇華，人就愈能感到幸福、充實而且，這種幸福感是永恆的，不受欲望牽引，也不被欲望左右。

所以說我們要修的什麼？就是形神合一。光是離開形去修靈也不行！我們必須在形的基礎上，讓我們的神、靈聚合，反之，如果只滿足了我的形（也就是肉身）的基本需求，因為肉身要生存、要繁衍，我們也不能放棄肉身，對不對？那麼，我滿足肉身的基本需求，然後再把關注點都放在守神上面，都放在靈的聚合上面，這樣就能得到永生，就能掌握我的命運和生死，這就叫做解脫生死。

其實，上面寫的這些內容都是「一」的概念。誰得了「一」，誰就與道同在，這個人就不會墮落，就不怕消亡。哪怕是天，如果天自己違反這個規律，天也會塌裂，因為天也是一個生命體，必須遵守這個。所以，大自然之所以能風調雨順，就是因為大自然是活的生命體，而且，它還正處於生命週期當中比較健壯的一個段落，所以變動都很規律。

【其致之一也】。「致」是追求的意思。為什麼天

地、神明、植物、國家都能夠按照一定規律去不斷地運行，沒有敗空、破滅或毀滅，就是因為「其致之一也」：萬事萬物都在正常狀態，都在追求著形和靈的一種平衡，這個就是「道」，也就是「得一」。

第三節　不得一，天地人皆難長久

前面的內容闡述「得一」才能使得天清地寧、神明、動植物與國家都能欣欣向榮。接下來這段則描述「不得一」會招致的各種滅亡。

失去自然規律就會發生混亂

【謂天毋以清將恐裂，地毋以寧將恐發】的意思就是，天如果失去了「一」，形和神分開了，那麼，天就塌下來；大地如果失去了「一」，陰陽不平衡了，大地就無法平靜。

天要清、地要寧，這當中必須有一種力在作用，這種力就是剛才說的聚合之力。靈是聚合而來的，神也是聚合的。神靈愈聚合，和形在一起的時候就愈不會分離。當聚合的靈、神，與形合而為一的時候，這種狀態就稱為「一」。但如果不平衡的話，就會天崩地裂。

有了「一」，天就會清，地就會寧。當地安靜下來，火山就不會隨便地爆發，河海也不會出現翻江倒海的現象。

然而，所謂的「寧」不代表著不動或是完全的安靜。「寧」還是蘊藏的動，只是這種動會按規律地動。就像人體一樣，我們的心跳、我們的呼吸都在動。即使人躺著一動也不動，身體其實還是在動的。體內的肝、脾、胃、腸等臟器都按照各自的規律在運行，這也叫做「寧」。

「寧」是按照規律地活動，不像「發」是突然之間的爆發，不照自然規律來的。如果某一片地表經常地出現亂動，比如，經常有岩漿流淌，那這片地表的上面就不能生長任何植物，動物也難在此生存。這片大地就了無生機。所以說，「地毋以寧將恐發」。

【神毋以靈將恐歇】。信神的人，都認為神明很靈、很有能力。那麼，如果神不靈了，信徒再怎麼求祂他也沒用，這尊神是不是就失去了力量？為什麼神會沒有力量？就是不「得一」的緣故。不「得一」以後，神就陰陽不平衡。一旦陰陽分裂，連神都不再靈驗。

【谷毋以盈將恐竭】。這裡的「谷」是「穀」的意思，代表整個世界的植物，泛指全天下所有的動植物與人，也就是代表生命體。竭，是植物枯萎的意思，這裡指

生命體的死亡。這句「谷毋以盈將恐竭」是指，地球上的生命體若不「得一」就會死亡。

這裡為什麼用這個「竭」字？竭的另一層意思就是耗竭。我們不斷地發散，最後由發散變成耗竭，然後就死亡，從此不再是生命體了。地球上所有的生命體，都因為耗散了自己的靈、自己的神，而導致生命體消散。

無道，就是背離天理與正道

【侯王毋以貴高將恐蹶】。這句裡面的「蹶」是阻礙、破滅的意思。了，國家就破滅了。

國家是怎麼滅亡的呢？國家領導者（侯王）不「得一」，行事無道，就把國家推向毀滅。

我們常用「無道昏君」形容那些亡國的帝王。所謂的「昏」，就是迷失的意思。明君不會昏頭，而是「有道之君」。如果一個君主治國脫離了道，就坐叫「無道」。脫離了道也就意味著不知道什麼叫做「一」。身為一國之君，平時守不住這個「一」，就會任意地妄為，只憑自己喜惡去制定一套自認能對國家民族有好處的規章制度。這種君主往往

自認聰明，覺得他制定的這套東西能讓國家興盛發達、長治久安，自己的王權就能夠萬年延續……，這全都是自以為！這種人不去思考也不去理會大道運行的規律，而是憑著自己喜惡去做，這叫做「無道」。這樣的國家領導者，不管是因為他眼中沒有道，或者是他不知道還有道的存在，他的作為都會把災難帶給國家與人民。

像秦始皇就是一個聰明無比的「無道昏君」。歷史上有很多這樣的皇帝，最後下場都很慘，他的子孫也很慘，他治下的國家與百姓也都非常慘。這就是「候王毋以貴高將恐蹶」的實證。

那麼，這句話裡頭的「貴」與「高」又是什麼？貴是尊的意思，高則是高威。「貴高」也就是接近大道的意思。我們要知道，天道運行的規律就在高處，身為人間的帝王必須去學習、遵守大道的規律，如此一來，國家才能長久，老百姓就能安居樂業。

其實，現代企業也是相同的道理。企業的運行跟國家的運行其實是一樣的，都要遵守大道運行之理。我先前講了很多，要怎麼做才符合天道之理。尤其《道德經》講的

都是候王（君主）統御天下的道理。這些道理放到現代，也適用於企業老闆。就家庭來說，父親是家庭裡面的一把手，也就是這個家庭的天。天也要符合天道。只要天正了，地也就安了。

在一個家庭裡，父是天、母是地，父母的定位定好了，子女就能像風雷雨電，山澤通氣，水火不相射 (註) 一樣，按照正常規律去自然地運行。所以，一個家庭能否運行順暢就看父母，企業則看老闆，國家則看領袖。只要身為天的父母、老闆與國家領袖能夠定位，底下的子女、員工與百姓只需按照大道的規則去運行即可。這樣就能得到「一」，這樣子，家庭、企業、國家才會安寧，才能發展，才得以延續。所以，天地要正！不管是家庭也好，企業也好，國家也好，或是個人，都要按照自然的法則去運行，這樣才能順其自然地發展。

＊註：語出《周易說卦傳》，原文為「天地定位，山澤通氣，雷風相搏（薄），水火不相射（音yi），八卦相錯。」水火不相射的意思是說，水火表面看起來相剋，事實上卻有相通的特性。

必須透過平衡才能找到「一」

【故貴必以賤為本，高必以下為基】。這句話的意思就是，我們怎麼做能得這個「一」呢？其實，不僅《道德經》第三十九章這句在提醒我們這個要點，整部《道德經》都在告訴我們怎麼才能得到「一」。

所謂的「一」，必須透過尋找陰陽的平衡才能獲得。我們修行，不可以偏重於陽，也不可以偏重於陰，不能只知其一卻不知其二。所以，老子這裡面提示我們「故貴必以賤為本」。

貴就是把某個事物認為很尊貴，也就是重視、尊敬這項事物的意思。這句「故貴必以賤為本」的字面意思就是：當我知道有什麼事物是值得我尊重的時候，我就知道我還要注意卑賤的事物。所謂的貴與賤，其實就是陰陽的兩面。陰陽的運行規律就是如此：有裡必有外，有上必有下，有好必有壞，有善必有惡……。我們必須找到陰陽，不失其一地同時關注並運用這兩面。能夠看到陰陽兩面並運用，這才完整、才不會失衡。

第四節　學道，要先放棄線性邏輯

我們這些凡人從小接受邏輯思維的訓練，經過多年薰陶，腦袋基本上都已經變成邏輯思維了。邏輯思維是線性的、只向前的直線、不講究整體的。而我們學了道之後就會發現，學道就必須要放下那種線性的邏輯思維。

兩面性，就是道的規律

事物的發展不是一味向前的，不是我要什麼，直接奔向目標就行了。任何一種力量發散出來，該力道都具有自己的兩面性，一個是往上提的力，一個是向下墜的力。邏輯思維的前提是：宇宙當中是有直線的，任何事物只要直直往前就能抵達目標。但是，現在的物理學卻告訴我們，宇宙當中根本就沒有直線，所有向前發出的線全都是拋物線。拋物線就是有向上提的力，也有前行之力；有上提之力就會有下拉之力，有前行的力就會有往後拖的力。上提下拉、前行後拖，講的都是兩面性，因此任何問題一定看其兩面性。直線的邏輯會認為：一條線應該是只朝著一個方向前進，那條線

不會走彎路也不會走曲線，所以直線就是對的。但是，宇宙中並不存在著直線，是人類認為應該有這麼一條直線，也就是捷徑。其實，真正的宇宙運行必是由一股陰的力量和一股陽的力量相互作用的結果。所以做任何事情，一定都把調配好這兩股力並且妥善運用，就叫得道。

運用兩股力的相互作用，使事物向前推進。但是，事物並不是直線式的前進，而是滾動式的前進。如果，陰陽這兩種力量彼此配合得當，這就是所謂的「得一」。

但是，陰與陽這兩種力量一定是相反的。有善就有惡，有好就有壞，有美就醜，有強就有弱……，只要有某個性質，必定會有個與之相反的性質同時存在著。

老子在這裡就告訴我們：有貴就有賤，有高就有下。我們必須知道有兩股力，並且好好運用這兩股力，這樣做事就不會走極端。比如，做一件事情的時候，若一味地向上托，使這件事非常順利地往前進展，眼看這件事馬上就要成功了，馬上就要達到完美的終點了，但我知道其實還有一股很強大的下拉力量會拖住這件事。如果事情一直都進展順利，一點阻礙都沒有，這是不符合陰陽規律的，這

時候就會注意，哪怕這個下拉之力遲遲不出現，也要從陰陽兩面性去看待這件事，做好心理準備：當事態上升到極點的時候，下拉之力可能也達到了極點；如果下拉之力現在沒出現，是因為下拉之力現仍繼續地積蓄力量……。這就是道的規律，也叫做「循一」。

事物都有正反兩力的作用

學《道德經》這麼長時間了，如果你對陰陽這兩股力量的作用還沒有感覺，那就白學了！《道德經》裡談述的陰陽規律，都能讓我們運用在現實生活，指導自己如何做人做事。

明白天道之理，並能妥善利用，這才是大智慧。擁有這種智慧，就等於得道了。我們如果得了道，在俗世間做人做事都不會招來大的災殃。因為我們知道陰陽規律，並藉此預測出事物的發展趨勢，甚至是結果。

得道的人不需要占卜也不需要運籌。得道的人因為知道陰陽兩面性，明白任何事物的推進必有兩股對立的力量交互作用，因此，能預測事物會往哪個方向發展，清楚知

道自己在事物進行到哪個點的時候就能控制它、左右陰陽
這兩股力道。得道的人就是仁者。別忘了這個仁字的意思
就是一個人手握陰陽兩面。修為到了仁這個境界，就很接
近聖人的境界了。

所謂的二八原則（80%的財富掌握在20%的人手裡）
，其實就是陰陽兩股力量達到「一」的平衡點。比如，當
到某種勢力上升到接近80%的時候，我們就要注意了。即
使這時還沒出現下拉的力量，但上升之力若繼續往前上升，
那麼，這意味著下滑的力量同時也積蓄到了一個很強大的
階段，它必定然會出現。在什麼時候出現？要嘛在即將成
功的時候出現，要嘛在成功之後才冒出來，這兩個時間點
都是下拉之力爆發最為強烈的時刻。所以，現實中很多事
情功虧一簣，尤其是一路特別順利的，不管是專案也好，
人的情感也好，如果沒有經過任何波折，只是一味地高歌
猛進，結局基本上都不會太好，甚至一下子就讓你一敗塗
地，永世不得翻身。為什麼會這樣？就是因為陰陽這兩股
力沒有調配好，你沒有「得一」。之所以沒有「得一」，
可能是你把這兩種力量給分開了，也可能是因為你不知道

暗地還有一股力量，因此排斥另外一股力量的存在，這兩種情形都會導致不「得一」，

所以「故貴必以賤為本，高必以下為基」這裡頭告訴我們：永遠都不要忘了，做任何事情都有陰陽兩面的兩股力量。當命運多磨難、特別悲慘的時候，不要忘了其實還存在著一股上升的力量。這時，跌到人生谷底的我應該思考的是如何去運用這股目前還沒浮現出來的上升之力。要知道，人生跌宕起伏也是按照物極必反的規律。跌得愈狠、跌得愈深，上升之力就積蓄得愈大。

老子在這裡說「貴必以賤為本，高必以下為基」，貴賤、高下，這兩組陰陽對立，這跟前面提到的強弱、剛柔一樣，都是對立的兩股力。所以，我們時時別忘記，任何事物都有陰陽兩股力量在相互作用著。這樣想，就是「得一」了。

自稱，也必須順應陰陽規律

【是以侯王自謂孤、寡、不穀】。關於這句，我們先談談「孤」「寡」「不穀」這三組名詞。

　　「不穀」是指稻穀結不出果實，用來比喻人絕後、沒有下一代。古代的諸侯、帝王都自稱「孤」「寡」。但尋常人都不希望自己孤獨，對不對？不管是寡人還是寡婦，還是老了之後身邊沒有兒女子孫圍繞，就是不好的。為什麼這些諸侯王與天子不叫自己萬歲呢？古代君王可沒有人敢自稱萬歲，因為，萬歲不是壽命到頭了嗎？你萬歲到了頭，也就意味自己該下地獄了。所以，愈是高位、愈是大富的人，自己往往使用最卑賤的代稱。

　　你看，古代的帝王都稱自己「孤」「寡人」，他絕不可能說我是聖人、我是偉人。如果位極人間還要求大家都尊稱他是偉人、聖人，那就是不懂道了。你想想這個景況：百姓都說領袖光輝偉大，領袖是太陽，其實這位領袖就快死了。為什麼？這不符合道之理。已經位高權重的帝王，怎麼還妄想當天上的太陽呢？這種一時的自我滿足就是心態膨脹到了極致。人的心態一旦走向了極致，即將面臨的大翻轉會非常可怕。而且，這種翻轉往往不會只牽涉到自己，通常都是翻轉到子孫身上。始作俑者自己不得好死，自己的子孫也不得好死。綜觀歷史，真正懂道的人，地位愈高、財富愈豐

厚的時候，反而自稱是賤人、是人民的奴僕。愈是位高權重，自稱就愈低賤。為什麼？因為這樣的人自知已經富貴到頂點了，他知道必定會有一股向下拉的力量會破壞眼前的富貴。已經很貴就不能再貴了，再貴的話，就走向極致、走向滅亡。我們不可忽視那股卑賤的力量。所以，當我已經成為了君子、諸侯或天子的時候，我就要在自己名字上頭起個賤名，這就是在配合賤的那股力量。低微的力量始終存在的，柔弱的力量也始終。即使自己已經地位崇高、勢力強大，也必須得跟低微、柔弱相應，這樣才能長久。

所以，那些至高無上的人愈能表現得謙遜、卑微，他保有尊貴地位的時間就愈長久，他也因此子孫豐茂。因為他符合道之理。如果一個人把光輝全都給占去了，把好的資源全都占走了，這種人沒有福德，也沒有陰德去庇佑子孫。因為他的所作所為不給子孫留一點空間。這就不符合道之規了。

你看，秦始皇稱自己是「始皇帝」，意思是人間第一位皇帝。秦始皇企圖霸業能夠相傳千秋萬代，認為自己非常了不起、至高無上，連大家向來遵奉的天都看不上。結

果，秦朝只傳了15年，到了秦二世就滅亡了。

　　萬事萬物都是如此，只要符合「道」、符合「一」就能長久。就連天和地，都得符合道德規律才能長久。天高高在上，卻極其卑下；大地寬廣無垠，但也極其卑下。為什麼大地極其卑下？因為，大地生養的萬物全都把大地踐踏在腳下，最不重視大地。不管人們怎麼蹂躪，大地都得承受。你看，連天地都如此，宇宙萬物都得是這樣，人又有什麼好狂妄的？

　　真正的高人，不會給自己起什麼「天下第一」之類，非常崇高、非常響亮的稱號。真正的高人，起的名號一定都很卑下。通常，我們一看對方的名號，基本上就能知道這人修到什麼程度、是否懂得天道運行的規律。

　　在起名這方面，真正得道之人必是選擇卑、微、小，或者獨、孤、寡的路線。一般來講，修道人都會擁有兩個道號或兩個名字，為什麼要這樣做？當我勢頭猛進、運勢特別好的時候，就使用孤家寡人之類的小名，比如「不穀」，寓意「孤寡不穀」。但是，當我歷經磨難、人生特別低沉的時候，不妨給自己取一個陽光大氣的稱號，為自己帶來一股往

上拉、往上拖的力量。藉由稱號鼓舞自己：「我不會灰心，
也不會喪氣，我透過名字去呼應那股潛藏的陽之力。」這就
是我們在把握自己命運的過程中，自行去掌握陰陽這兩種力
量，達到「得一」的效果。

第五節　陰陽相對，萬物找對定位

上一段探討了地位與自稱的貴賤問題，老子接下來繼續針對貴賤這個概念進行更深入的剖析。

別誤會了陰陽轉化之理

【**此其以賤之為本歟？非也？**】難道說我們真的就要以賤為根本，我們就該守著賤嗎？並不是那麼回事（非也）。

前段提到，高位者要賤稱自己、勢力強大者要態度謙虛，這可不是因為賤是根本，而是因為自己已達到很高的位置，仍明白位置再高也得有地基。所謂的「賤」，其實是與高相對的另一面，沒有高貴就沒有卑賤，高貴與卑賤是陰陽的兩面，互為表裡，並不是說賤就是貴的根本。

老子提到成組的陰陽對立，還有柔和剛、弱和強。《道德經》第三十六章提到的「柔弱勝剛強」，並不是說柔弱本身就能戰勝剛強，而是在有前提的情況下：當事態到達至剛至強的時候，柔弱的力量也會積蓄到非常強大的程度。

柔和弱是相對著剛和強而來的，有了剛強也就同時有了柔弱。老子並不是要我們一味地柔或弱，而是說當我到了已經有了剛和強的時候就要注意：有時候，柔弱的力量在某個節點反而勝過剛強。反之，如果我過於柔弱，柔弱到了某個節點的時候，剛強之力也會爆發出來。這就是陰和陽這兩股力量在交互作用的緣故。

所以，我們可不能說自從學了《道德經》這句「柔弱勝剛強」，就一味地追求柔弱。就像練習武術的人，以前學剛強的少林拳或勇猛凶猛拳擊，現在改打太極練柔勁了，也不會因為現在練出來的柔勁就會破掉以前累積的陽剛力道。如果會這樣想，那就是純扯淡了。

學《道德經》可不能生搬硬套！老子說這句「柔弱勝剛強」是什麼意思？我們又該如何運用這當中的智慧呢？正常來講，應該積極主動。那麼，做事的時候積極主動，當然要求剛和強了。如果你領導軍隊或銷售團隊，天天告訴大家要守著「至柔至弱」，達到「能嬰兒乎」的狀態，你怎麼去銷售，怎麼去打仗？所以，我們不是不追求剛和強，而是當我追求道一定程度的時候，就要注意與之相對

的那股柔弱的力量,並且把握它。所以,練習武術練到某種陽剛的程度,就要開始練柔勁。當自己的能力強到一定程度的時候,就要開始找出自己在哪裡有弱處。因為,當強到極致的時候,致命的弱點必然會暴露出來。當弱點一暴露了,即使外面的人因為你的致命弱點就在你內部,對方一時打不敗你;但是,最堅固的堡壘必定是從內部被攻剋的。所以,剛強到一定程度的時候,我們就要靜下來,開始去修柔、去補弱,而不是變得更強更剛。

所以,上一節講解的「故貴必以賤為本,高必以下為基。是以侯王自謂孤、寡、不穀。」這整段是在提醒我們記得要平衡貴賤,而不是割捨高與貴、去趨就卑和賤。

學道德經的正確心態

有些人在學《道德經》之前,原本在現實生活中非常積極進取的,甚至想當官發財,自從學了《道德經》了以後,就變得無欲無為,天天嘴邊掛著「我視金錢如糞土。想發財那些人就去痛苦吧!我這是安貧樂道」變成逃避了,這可不行!因為,你從來就沒剛過也不知道啥叫做強。你從來

就沒強大過，你還用天天修什麼柔、修什麼弱嗎？因為你本來就弱的、本來就柔的，你還修什麼！這就是不「得一」。

這樣的人拿著《道德經》的一兩句話就斷章取義，然後一路沉淪，最後就變成塵土。所以，在學《道德經》的時候要注意文章裡面的真義。所以老子在這裡提醒我們：「此其以賤之為本歟？非也。」

【故致數與無與】。這句話就是老子的告誡了。「你要搞清楚這當中的道理！並不是我這麼說，你就照我說的字面意思去做。你得通曉這裡頭的陰陽轉化定律，然後順應這個規律去表現柔弱。但請記得，這種柔弱並不是真的弱、真的柔，而是在積蓄力量。你歷經了磨難、委屈與恥辱，你此時柔弱地承受這一切，其實是在積蓄力量，是為了未來能夠變得更高更強，才讓自己變得卑下、才讓自己變得柔弱。」

我們要釐清這點，所謂的「無為」可不是啥都不做的避世。如果你連下頓飯都吃不上了，還天天說要安貧樂道，連掙錢養活自己的手段都沒有，還安什麼貧？樂什麼道？真正的至柔守弱，那是對強者說的話。你連強者都不是，幹嘛

修這個至柔守弱？那只是逃避心態而已。

《道德經》不是寫給普通百姓看的書。《道德經》是寫給真正優秀的強者看的，所以裡面有很多段落都提到君王諸侯，因為君王諸侯是世間人群的領導者。簡單地說，《道德經》的目標讀者不是平民，裡面的內容更不是教屌絲如何變得剛強起來然後獲得成功。《道德經》教的是帝王（也就是已經成功了的人）如何再次獲得成功，然後將這份成功一直延續下去。

所以，凡人應該要先做好現實中該做的事，再來學《道德經》的這套智慧。至於想庸庸碌碌過完一生的老百姓，學《道德經》能幹什麼？老百姓就該學謀生技能。當你在現實生活中的物質已經很豐富了，不必為生存發愁了，但是，你希望事業有成，甚至進而希望事業能做得更好、能延續更長；那麼久，這個時候再來學《道德經》，這部經典裡的智慧對你的指導就能產生非常強大的作用。

做人不要太完美或過於卑劣

在現實中怎麼做才能「得一」呢？老子以美玉跟石頭

的性質做了一番比喻。

【是故不欲祿祿若玉，硌硌若石】。「祿」是光燦燦的意思。所謂「祿祿若玉」，就是如同玉一樣光燦燦的，拿出來很耀眼，一下就能看到它的光芒，感受到質地的圓潤與透徹。那麼，「硌硌若石」是什麼意思？「硌硌」就是堅硬、灰暗的意思。

石頭和美玉，那怎麼比較呢？堅硬粗糙的石頭，外表看起來不柔不潤，灰灰暗暗的，很難引人注意。美玉則是光潤有澤的，讓人一眼就覺得美好、喜愛。老子要我們別像美玉一樣地光彩奪目（「不欲祿祿若玉」），也不要學那個樸素又不起眼的石頭（「硌硌若石」）。為何要這麼說？因為，「祿祿若玉」就代表你把自己全部的美好都展現於外，「硌硌若石」則是像石頭那樣地又臭又硬，既卑且賤。這兩樣都不要！

如果你的資質就像玉一樣美好，那就要收斂鋒芒，把光華、才能都收藏起來。如果你的資質就跟普通石頭一樣地平凡無奇，也別表現得那麼卑劣，更不必裝的一副又臭又硬的踋樣。「祿祿若玉」與「硌硌若石」是兩種不同的

極端，老子希望我們在做人方面別效法極端。

石頭本來就又臭又硬，但你要記住：石頭也有美好的一面。雖說石頭很粗糙，但質地卻很堅硬。即使是最粗劣的石頭，也有能夠發揮作用的時候，就看我們能否把這樣的石頭放在合適位置去發揮。即使你就像石頭一般平凡，也別表現出像不好的特質或是自卑、認為自己一無是處。要知道，最堅硬的石頭雖沒有美好的光澤，但建築地基卻離不了這種不起眼的石頭。這是玉石無法取代的！

玉石很美好，可供欣賞，看似高貴，但玉石也有弱項與缺點。堅硬的大石頭雖看以來笨拙、不起眼，卻有堅硬大石頭才能夠發揮的作用。萬物自有其用處。

萬物皆有用，唯需找對定位

老子透過這句「是故不欲祿祿若玉，硌硌若石」，教導我們如何在做人方面「得一」。我怎麼運用這樣的智慧？如果，自己現在一無是處，就像一顆又硬又臭的大石頭，平時在深山裡沒有人想理睬。但是，為什麼有人願意花重金來買這樣的大石頭？可能需要用它來造景，或是打地基……乍

看不起眼且笨重的大石頭其實還是有用處的。

要曉得，現實中沒有一無是處的人，只有找不到自己定位的人。你覺得自己一無是處，那是因為你沒找到你的定位。重點是，你有沒有主動積極地去找出自己的優點與合適的定位。有些人會認為：「我現在就是個屌絲啊！既沒學歷，又沒有知識，所以只能幹體力活。」你認為自己已經低賤到最低的地步了，這就是你對自己的定位。但是，學了道之後，你就會知道自己必有所用。因為上天造物不會造一個毫無用處的東西，宇宙萬物全都各有它的位置、都有它的功用。莊子說，道在屎溺。就連茅廁裡臭味熏天的屎尿放在地裡都能給植物施肥，一顆堅硬的大石頭哪就沒有可發揮的餘地？你只是沒用對地方而已！

我們學道，就要知道這樣的道理：當自己處於最卑劣的境地的時候，我知道自己必然會有大用，然後努力去尋找能夠讓自己發揮的地方。這樣子，其實也就是這章我們一再強調的「得一」：運用陰陽這兩股力量並取得平衡。當我處於卑劣境地的時候就是陰，然後去找到可以發揮的地方（陽）。當我開始變得強大了，已經變得剛強的時候，就該學

習謙卑，運用柔和弱的力量。比如，我已經爬到高為了，這時就要賤稱自己。地位愈尊貴，姿態就要放得愈低。愈富的人，給自己取的名就要愈有貧賤的意思。想獲得長壽的人，就要叫自己是夭折、短命鬼。這樣做是有道理的，這就叫做「得一」。「一」就是兩股對立的力量的融合與平衡，我們怎麼去運用這兩種力量？這就是智慧。

以上就是從《道德經》第三十九章得到的領悟。希望大家能夠在《道德經》的學習過程中，更深地結合自己，領悟出屬於自己的智慧。

第五章

陰陽循環為大道運行的原則
——《道德經》第四十章

大道的運行原則恆久不變，

因此返璞歸真是萬物的天性，

循環不已、陰陽交互作用、物極必返這些都是！

所以，我們該如何得道？

其實就是要重新建構一種新的思維模式。

第一節　對立與轉化是不變的原則

《道德經》第四十章

【凡也者道之動也，弱也者道之用也。天下之物生於有，有生於無。】

在現實中該如何運用大道？《道德經》第四十章告訴我們：循環不已、陰陽交互作用、任何事物到達臨界點就會逆向地變化，這些都是大道運行的原則。

返璞歸真是萬物的天性

【凡也者，道之動也】。這句裡的「凡也者」，有的版本寫做「反也者」或「返也者」。這句話告訴我們，回歸（「返回」）就是大道運行的原則。

關於大道的運行，我們不能僅求其中一面，因為現實世界是二元的世界，任何事物都具有兩面性。同時，任何事物都是愈接近「道」就愈長久，愈背離「道」就愈短暫。所以，我們在現實中做事，若想成功、長久，就不能順著二元

世界愈來愈細化、愈來愈分裂的方向去發展。我們看待任何人事物，也不能愈來愈偏執於其中的一面。如果我們直接順著道、德、仁、義、禮的發展軌跡，就會愈來愈墮落，離「道」的境界也愈來愈遙遠。

「道」的發展過程，其實就是一個從無形到有形的過程。無形的狀態是恆久的狀態。「道」一旦發展到有形的階段，恆久的狀態就會被打破，這時就會有了常、住、敗、空。由於常、住、敗、空的過程也有長短之別，我們在現實中還是想求個相對的長久與穩定。沒有人喜歡巨變，沒有人希望短暫，尤其是成功，我們都希望延續得愈長久愈好。

如果想要長久，那麼，我們就不該繼續分裂下去，而是盡可能地回歸到「一」的整體性，也就是趨近「道」的境界。雖說宇宙裡萬事萬物都由道化生而來，但我們還是需要接近「道」。萬物都有這種趨向，這就叫做回家，也叫做返璞歸真，也就是老子說的「凡也者道之動也」。既然「凡也者道之動也」，因此，我們在現實運用道，就一定要反著來。

太極，由陰陽兩面組成

運用道的時候，我們也不要只盯著其中一面。比如，認為某一面是好的，就一味地向這個方向來進行，然後一味壓抑自己覺得不好的那部分。

要知道，任何人事物都有陰陽兩面，本身也會受到陰陽這兩股能量交互作用的影響。雖然其中一股力量可能是我們暫時看不到、感受不到的，但它一直都存在。所以，即使我們順著那股自己看得見、感受得到的能量去前進，也不該忽略背後隱藏的另一股相反的力量。因為這股力量暗地裡仍不斷累積，當它積累到一定程度之後必然會爆發，導致整體事態來個大反轉，事情因此功敗垂成。世間很多人事物的發展就是如此！包含男女情感也一樣，全都符合「反也者道之動也」的這個規律。

那麼，我們在運用這兩股正反力量的時候，該如何去平衡？這就是我們修道要學習的一個重要課題。答案其實很簡單，大道至簡，就這四個字。

現在我們講《道德經》已經講到第四十章了，你有沒

有發現，《道德經》講的要點就是：永恆且無形的道一旦來到了現實（落了地），它就會變成二元的德仁義禮；然後，人應該掌握陰陽這兩股對立的力量，遵守陰陽轉化的規律來做人做事，這就是凡人從低層次境界昇華、趨近於高層次的「道」的一個過程。

關於陰陽的兩面性，前面已經講了很多：強和弱、柔和剛、長和短、美和醜、對和錯……，這一組組都是相對的。這種兩面性就是太極。如果把太極這兩個對立的面給合了一，這就能恢復到「道」的整體性。

太極，就是矛盾與統一

所以，我們該如何得道？其實就是要重新建構一種新的思維模式。

正常的常人的思維模式是什麼樣子的？矛盾體就是對立的。那麼，在對立的狀態下，我因為有了好壞的分別就會有個取捨。所以，凡人的正常狀態都是：一旦出現矛盾（也就是兩面性），我就只取其中一面，然後排斥或是不去關注另一面。這樣的話，矛盾體就會分裂得愈來愈嚴重。當兩個

對立面分得愈來愈遠，最後，整個矛盾體就會分裂成兩半。

所以，得道的人會怎麼做呢？得道的人看任何事物，都能看到這事物同時擁有的對立兩面。所以，得道的人會放下所謂的好壞，不加取捨。這就是大放下。

但是，凡人通常是不能完全沒有分別之心的。有時候，我們必須選擇其中某一面、加強某一面，這都是很正常的。但是，放下某一面並不代表就要讓這一面消失，而是階段性地只在某個時候把握住或摒棄某一面。從更大的格局來看，我們不能讓矛盾體的兩面分裂得愈來愈嚴重。我們要想辦法將這兩個面給統一起來，這才是道的運用。

所以，這句「凡也者道之動也」告訴我們，在「道」的運行過程中，我們要把反的那一面（也就是我們現階段要捨棄的那面），與正的那一面（我選擇的那面）統一起來，讓這兩者隨時都保持著「一」的狀態，這就是整體性。

我們學完《道德經》，就會明白「矛盾統一」這四個字就能概括了整部經典。其實，「矛盾統一」也就是太極的性質。你瞧，太極圖本身不就統一了陰陽兩股力量了嗎。太極就是我們想要的「一」。但，陰陽兩股力量是彼此對立

的，該怎麼統一它們？這當中可說是奧妙無窮。整個《道德經》其實就在講這件事：如何統一矛盾的兩個面。

我們需要知道這個理，因為，矛盾的統一體才是真正的穩定，也才能夠長久。

要改變單向的線性思維

《道德經》後半部的《德經》，就具體告訴我們該如何統一陰陽兩面。《道德經》共有81章，這81章其實全都在講統一陰陽兩面的這件事。只不過，每章用不同角度來談，探討層次也有深淺之分，差別僅在此。所以，我們學道德經，只要抓住這點就行了。

那麼，為什麼老子要在《道德經》五千字裡將一個概念反反覆覆講這麼多遍？就是因為凡人看問題的角度、思維模式是單向性的，以至於在現實中要嘛成功要嘛失敗、要嘛美好幸福要嘛就非常地痛苦、不是很好就是很糟……，人往往就在兩個極端裡頭選擇其一。

所以，我們學《道德經》，先要從觀念方面開始改變。我們若能看到宇宙萬事萬物的兩面性，就能學會如何

去統一事物本身具有的對立兩面。這就是我們學《道德經》能夠昇華的原因。也就是說，當觀念改變之後，就會打破原本只會單向看問題的思維模式，習性、秉性也會進而跟著改變。

所謂的「單向性地看問題」，思考是線性且為單向性的，這就是邏輯思維。那麼一旦我們看問題的角度有了改變，思維模式就會從線性的、單向的邏輯思維，變成了循環的、整體的形象思維。形象思維的特點就是：他會往復循環。形象思維不是單向的，不是只朝著某個方向直線前進。形象思維是循環的，到了某個程度的時候就開始轉換方向，最後一定會返回到原點然後再次出發。這樣子循環往復，無始也無終。那麼，也只有這樣才能做到生生不息，因為循環往復就代表永遠都不會停下來、永遠不會終止。

直線前進遲早都會停下來。不管長線還是短線，直線都有方向；有方向必有阻力；有阻力，力量就會不斷地被消散，所以直線前進遲早會因為力量耗盡而停下來。此外，只是一味地向某個方向前進，這樣的運動本身還具備一個反作用力。反作用力就作用在這件事物，導致事物被拖慢，然

後直到力道耗竭而消散。

　　但是，如果這個循環是一個圓的話，反作用力的作用就不會是在直線前進的方向將事物向後拖了，而是往上拖。其實，圓形的運動軌道就是順著反作用力加上前進力道這兩股力量形成的。而且，反作用力是在這個圓的內部發生作用，等於是這項運動的「陰」的一面，外部的前進力道就等於是顯現於外的「陽」的一面。陽顯現於外，陰隱藏於內。陽在動的時候，陰也在相應地動。但是，陰的這種動其實是托著陽來動，這樣地陰陽互動才能形成一種生力生生不盡，生生不息的動能。這就是大道運行之理。

　　所以，在現實中做人做事都要效法上述的大道運行，守住矛盾的統一體。學《道德經》就是要建立這種思維模式！先確定觀念，思維模式就會接著改變。由於思維模式決定行為模式，行為模式又是我們做出每項決策的前提；所以，一旦思維模式變了，命運也就由此發生改變。這就是學習《道德經》的意義。

第二節　陰陽交互才能往復且不息

【弱也者道之用也】。這跟上句的「凡也者道之動也」其實都是同個意思。弱和強彼此對立，是一體的陰面與陽面。

陰陽交互故而循環不輟

就生生不息這件事來看，只有建立起循環的運動軌跡，太極就能統一陰和陽。當陰和陽統一了以後，這個太極就有個了內外。

其實，矛盾的統一體就像一個立體的圓，它有內力和外力，也就是外顯、張揚之力和深藏在圓裡面的力。外顯、張揚的是強，深藏在裡面的是弱。然後強和弱又會隨著外在環境的不同而彼此轉換。有時候，外顯的是柔與弱，柔弱具有彈性；有時候，外顯的是剛和強。當外顯剛強的時候，這個圓球的內部就是柔弱的；當外顯的是柔弱時，內裡就是剛和強的。這樣子，這個圓球的整體就是「一」的狀態。你無法攻破這個圓球，因為它的內部結構是穩定、恆定的。為什麼會穩定、恆定？就是因為陰陽兩股力達到了相對的平衡，

任何東西都攻不破這樣的結構。這種陰陽平衡的結構,是不可能從外部去打亂、影響、破壞的。

如果一個人也能把自己修成這樣的統一體(陰陽的統一體),這個人就能生存長久,他的生命才能不斷地涌動。企業也是如此。如果企業領導者在學了道以後,也把企業修成了一個矛盾的統一體,這個企業也能永續經營。治理國家也一樣。國家要像一個外剛則內柔、外柔則內剛的一個圓球,並根據大環境的不同,隨時都在調整外顯的狀態該是剛還是柔。而且,該剛強的時候要比誰都剛強,該犀利的時候比誰都犀利,該柔、該弱的時候,我們比誰都柔弱。內裡也根據外在大環境去做出相應的變化:當外表柔弱的時候(也就是把力量深藏起來的時候),內裡就要剛強;當外表剛強、鋒利的時候,內裡就要柔就要弱。這樣子才能保持一長久。

所以,「弱者道之用也」這句話的真義,並不是說我學了道,懂得要歸向道、要趨近道,因此就一味地示弱。若這樣理解「弱者道之用也」這句話,那就僵化了。只要一僵化,那就不是道了。

要知道，真正的道法是無形無相的；但是，真正的道法卻也是沒有一個固定的法、沒有一個定式。有定式的就不叫做道了，有定式就會遠離道。我們必須要釐清這一點。

往復循環才能生生不息

【天下之物生於有，有生於無】。其實這句話跟剛才講的「凡也者道之動也，弱也者道之用也」都是同個意思。全天下的萬物（「天下之物」）都生於「有」。

這個「有」是什麼？陰陽就是「有」的最大前提。有了陰陽，才有了萬物，而萬物就是由陰陽這兩種對立的能量，兩種截然不同的特質所形成的。所以說，萬物都生於這個「有」。那麼，這個「有」又是怎麼來的？「有」來自「無極」的狀態；「無極」就是無形無相的「道」，也就是「無」的狀態。

我們在現實中做人做事就把握住「凡也者道之動也，弱也者道之用也」的原則，這才能趨向道。

為什麼只有圓形的發展軌跡，事物的運行才能長久、生生不息？因為，陰陽這兩股能量只有在圓的形態之下才

能不斷地相互作用，進而不停歇。如果前進路線是一條直線，就會因為直線只有前後之分而沒有內外之別，導致事物在往前衝的同時也會有一股相反的力量將它向後拖。如果前衝前的力量比較大，往後拖的力量就會相對較弱；這時，事物仍會前進，只是往前的力量多少會被後拖之力給抵。等到往前的力量完全被後拖之力消耗光，也就是陰和陽這兩股力量達到平衡的時候，事物就會停下來，不能再繼續往前走了。如果，後拖的力量比前行的大，也就是陰勝過陽，事物就會往後退。

所以，人如果憑著線性的、單向的邏輯思維往前奮進，按照宇宙與大自然的規律，陰陽這兩股力量（作用力與反作用力）就會一前一後地拉著你。這兩股力量彼此拉鋸，結果只有這三種狀態：要嘛成功（往前），要嘛失敗（後退），不然就是停止。停止，也就是陰陽勢力達到平衡了。

那麼，即使成功了，你能長久地成功嗎？不可能，因為永遠都有股後拖的力量。而且，前行的力道愈大，後拖的力也道就愈大，因為這兩股力量相輔相成，是一體的兩面。

所以，要轉變思維模式，不能再用以往那種單向、片面的直線性思考（也就是邏輯思維）去求道。天道不會存在二次元的直線思維裡，而是位於立體的圓球體裡，這樣才能生生不息地運轉。

陽剛與陰柔都同等重要

《道德經》第四十章雖然篇幅較短，但它闡釋的觀念卻很重要。我們要記住這句「凡也者道之動也，弱也者道之用也。」

以正反兩面為例，所謂的「正」是否就等於「道之動」呢？當然，負負得正，「反」了又「反」，最後也就等於「正」了。以強弱來看，老子說「弱也者道之用也」，那麼強呢？強當然也是「道之用也」囉。

但你有沒有想過，《道德經》為何總是一再提到柔和弱，很少去探討剛與強？因為，世人都在追求剛與強，然後表現出自己有多麼地強大。即使自己並沒有那麼強大，也要向大家自誇我有多強。世間的凡人、俗人都是如此，忽略了柔與弱的重要。老子根據人性而一再提起與剛強對立的「

柔弱」，就是要點醒我們：在某種前提之下，負面的弱柔也能變得與剛強一樣強大。所以，老子的用意並非是指剛強、正、陽就不對，這點是我們必須要釐清的。

第六章

道的內涵，往往顛覆世人認知

——《道德經》第四十一章

常人的境界離天道太遙遠，

以致看不清、摸不清道的樣貌、

也難以持續地循道而行。

道無所不在，

包含萬物的同時，也成就萬物。

第一節　何謂上士、中士與下士？

《道德經》第四十一章

【上士聞道，勤而行之；中士聞道，若存若亡；下士聞道，大笑之。不笑不足以為道。故建言有之：明道若昧，進道若退，夷道若纇。上德若谷；大白若辱，廣德若不足；建德若偷，質真若渝，大方無隅；大器晚成；大音希聲；大象無形；道隱無名。夫唯道，善貸且成。】

接下來解讀《道德經》第四十一章。老子在這章一開始先描寫不同修為的人，在面對「道」的時候，會因為自己的修為層次而產生不同反應，進而說明「道」的性質。這裡所闡述的是：道的真正內涵往往與世人認知相反；但是，不管人們怎麼想，天道依舊默默協助萬事萬物的運行。

為何多數人修不成道？

老子將人分成上士、中士和下士這三種層次。就大道之理來看，不同層次的人達到的狀態不同，因此對待道的心態與反應也會跟著不同。

我們先來理解何謂「上士」。上士就是我們說的上根之人。上根之人的特點就是佛法說的「五根具足」。那麼，所謂的「五根」又是哪五根呢？佛家認為，五根就是信根、勤根、念根、定根與慧根。同時擁有這五根的人，就是「上士」。

那麼，五根具足不具足，又是怎麼來的？根據佛法，五根是與我們生生世世修行所積累的福報有關。如果一個人能不斷地積福、積德，福積的愈多，，德也積的愈多，善念就會愈來愈強，這就是「五根純熟」。「五根純熟」，表現出來的就會是「五根具足」的樣子：相貌莊嚴、儀表堂堂，內外一致。

【上士聞道，勤而行之】那麼，這種「上士」，也就是五根具足的人，往往不會執著於俗世間的物慾或知識，而是特別嚮往出世間的大智慧。在修道的時候，也不會一昧地追逐，而是會對真正的道有所感應。

通常，這種上根之人（上士）從小就莫名喜歡靈修事務，尤其是出世間的智慧。一旦聽了正法、正道，馬上就「勤而行之」：認認真真、堅定不移地去實踐道法。

　　上士學道、修行，是自然而然的行為，是一種出自本能的天性。這種人不需要別人刻意慫恿、催促，自己在聽聞正法、正道之後就立即信了。而且，一旦信了之後就會勤奮地實踐道法，按照道法來修行。這就是佛家說的「信根具足」「勤根具足」。所以，「上士聞道」之後，他就會一生都堅忍不拔地走在修道的這條路。

　　【中士聞道，若存若亡】。所謂的「中根之人」，可以說是芸芸眾生。大部分的人都是中根之人，聽了道以後雖然也很嚮往，但在行動方面是卻是有一下沒一下的（「若存若亡」）。

　　這種「中根之人」從佛家五根的觀點來看，就是五根有缺失。不是信根不足，就是勤根不足，要不就是念根、定根與慧根也不足。導致他一開始聽人講道或是看到了闡釋道法的資料，先是歡喜雀躍、激動感動，然後一心嚮往。只不過，「中根之人」只能堅持一段時間就放棄了。也許是一周，也許是一個月、三個月……，甚至不到一天就懈怠、宣告放棄了。「中根之人」就是這樣，一旦感勁頭一過，三分鐘熱度立即熄滅。因為勤根不足，沒多久就開始懈怠，

找出各種藉口不繼續修行。要不然就是變得半信半疑。一開始接觸道法的時候還矢志要堅信，沒想到還沒一個月就開始心生懷疑。比如，在現實中遇到一些不符天道之理的事情，馬上就質疑大道運行的真理，不斷地冒出各種疑問；然後，因為信念動搖了，原本嚴謹的修道行為也開始跟著懈怠。

通常，這種人過一段時間，又會因為聽到某位高僧或某個老師在講道說法，三分鐘熱血又開始沸騰起來，又是信又是修。只是，這次同樣也是修不到一個月又開始懈怠，又開始半信半疑……。「若存若亡」就是中根之人修道的常態。

其實，按照「中根之人」這種模式，即使修行了一輩子也沒用！因為，修道必須一門深入，得要堅忍不拔地持續修行才！要持續修行，就要先破除這些凡人的習性。其實，光是這一生堅定不移地信、堅忍不拔地修，都未必能修成，何況「中根之人」這種翻來覆去、時勤時鬆，甚至是半信半疑的狀態？這等於把道當成了玩具。「中根之人」面對道與真理的反應，就像小孩子見到自己特別喜歡的玩具一樣。沒得到手的時候就心心念念、滿心渴望，入手的當下甚至會激動到睡不著覺；但是， 玩了三天，當初那股激動勁與新鮮感

一過，就不想喜愛這個玩具了。又過一個月，再好、再昂貴的玩具對孩子來講也沒了感覺，因為孩子這時又把目光轉向別的玩具啦。這種「若存若亡」的心態，其實就是人性。

所以，老子說的「中士」，他這種狀態其實並不是在修道，而是獵奇，把道當成了一個新鮮的玩具。所以，這種人永遠都修不成道。

老子這裡說的上士、中士、下士，涵蓋所有人。其中，能夠真正修成的只有上士，也就是非常少數的人才能修成。很多人都是中士，一開始很熱衷道法，等到熱乎勁一過就開始懈怠下來；然後因為好奇心而去接觸其他派別的道法，比如密法什麼的，又開始積極地鑽研、修行；過了一段時間，對這道法又開始變得淡漠、毫不在意……。你說，這樣能修成某一門道法嗎？答案當然是否定的。所以，中士永遠都無法修行成功。

修道得孤獨地逆流而上

【下士聞道，大笑之。不笑不足以為道。】這裡說的「下士」，跟上面提到的「中士」相比，哪種人比較多？

其實，「下士」才是絕大部分的人。修為層級跟人數的關係，就像一個金字塔。金字塔的底層是「下士」，人數最多；「中士」就是金字塔中間那一段，人數已經少了一大半。那麼，「上士」就是金字塔的尖頂，就那麼一小撮人。

大多數的凡人（「下士」）在聽了道以後，會哈哈大笑：「鬼扯淡！一派胡言！」為什麼大多數人會不信呢？因為，我們認為的善惡對錯、美醜好壞等觀念，都與道相反。但是，如果不是反著來的就不是道了！這就是大道的特性。不顛覆怎能是道呢？

那麼，道顛覆的是什麼？現實中我們認為對的、我們追求的，全都是往下的，也就是「順」。所謂「順成人、逆成仙」，人若繼續再順下去，就會淪為畜生；畜生再往下順的話就會變成惡鬼、修羅；惡鬼、修羅再往下順，就會來到地獄；到了地獄再往下順，就會淪落到十八層地獄最底端的無間地獄，這時就陷入萬劫不復的痛苦深淵了。

人界，是六道裡面位居中間的一層，底下還有畜生道、修羅界（惡鬼道）跟地獄。如果人順著這個往下的軌跡去

發展，就會墮落成畜生、惡鬼及地獄眾生。世上絕大多數人都會走上這條往下墮落的路。那麼，修道就是從人間網上昇華的方向。我現在是人，為了避免未來淪為畜生、惡鬼及地獄眾生，所以開始修道，停止繼續再往下墮落，而是往上昇華。逆者成仙，這可不就是逆著來的嗎？所以我說道就是顛覆。

　　但是，逆著往上走的人實在是太少了！一個俗世間的凡人，若自己沒有修道，也沒有被得真之人指點，就會認為自己一切所為都是對的。那麼，由於人是群居的動物，世人就會因為從眾心理，所有的人都會往奔向同一個方向，彼此還會比賽看誰跑得快，。因此，當大家都在墮落的時候，你也會認為這些墮落的行為，然後自己也跟著墮落。一旦你明白了天道，就會知道人們這樣墮落其實是不符合宇宙自然規律的。就會開始顛覆以往的認知，並且反其道而行，走上昇華之路。

　　所以這，修道就要改變那些被世人認為是對的事。修道人逆著主流，逆著人流向後走。

　　試想，周遭的群眾會怎樣看待這個人？可能哈哈大笑、

出口嘲諷，或許會有些人會同情、可憐他，也有可能因此憤怒：「他怎麼膽敢與眾不同？」

　　世人都想要榮華富貴，都喜歡名聞利養，想追求生理上的刺激。我們認為某件事物是好的、是美的，就會競相追逐。大家都朝那個方向競相爭奪，只有你獨自反其道而行：放下這些世俗的慾望，然後在現實中什麼實際利益都得不到。那些隨著主流追逐的人們就會笑你是傻子，認為你不腳踏實地。但就「道」的角度來看，如果你的觀點、你的做法、你奉行的原則和世人的很接近，所以大家都能理解；那麼，你的觀點、做法與原則就不叫做道了。這就是「不笑不足以為道」的意思。

第二節　不同層級對於修道的心態

聖人在《道德經》第四十一章講述的重點就是修道狀態。上士、中士與下士，在初次聽聞真理、天道大智慧的時候，是信還是不信？信了之後，能否堅持修行？還是說，一聽到真理與大智慧就嗤之以鼻？我們面對「道」的態度，影響了我們修行之路是否能走得長遠。

要有堅持走正道的勇氣

「天下熙熙，皆為利來；天下壤壤，皆為利往。」當大家都為著名利而奔去，就只有修道者獨自一人地默默修道。當眾人都歡欣熱烈地向名利邁進，修道者卻逆著人流去追求清淨與智慧。尋常人追求的是高學歷、高收入等在現實中令人艷羨的光環，修道者反而放下了這些，然後表現出一副既不聰明伶俐又遲鈍無知的樣子。這不就是背道而行嗎？

但是，修道者很清楚自己追求的是什麼。修道者要的不是眾人都想擁有的東西。《道德經》第20章也提過這一點：「我獨異於人，而貴食母」。修道者重視的、追求的

跟凡人不同,這就是修道者的特性。

所以,你若要修道,首先就得具備不從眾、不隨順的勇氣。在現實中「獨異於眾人」,其實是需要勇氣的。比如,當所有人都想讀明星學校、取得漂亮文憑,再到大公司上班、接受最高級的培訓……,每個人都以躋身社會精英為目標,並且努力朝這個目標去發展、強化,你卻放棄名校、高學歷、知名企業的工作……,這樣地不合時勢是需要勇氣的。也許你會恐懼自己未必能頂著他人質疑、不諒解的眼光,也可能會想要暫時地隨順眾生:「其實自己手上也握有這些光環呢!我能不能先去得到世間最優秀的一切再來修道?」當你這麼想的時候就已經修不了道了。因為你放不下世俗的名聞利養。你仍然把名聲、利益、錢財這類「假」的東西視為光環,而修道就是要修真,就是要放下這些「假」的東西。你明明知道這些是假的卻又放不下,哪能修成道呢?

只有看清這一點,心才能靜得下來,這就是修道的基礎。

追求名、利的慾望,就像對追求財富的慾望一樣,都是

永無止境的。你說「如果我有一億的身家就能安下心來修道」，你這樣想就永遠都修不了道。為什麼？當你有一個億的時候，你的心態就會變了，你會想要還有10個億、100個億、1000個億……。其實，你你有多少個億都不夠！對名聞利養的追求，對榮華富貴的追求，就是人的慣性。而這種慣性是生生世世都帶著的，很難放得下。

別讓自己的邪見給絆住

修道時，最大的敵人不在於別人，而在於自己。

很多正在修道的人會這樣想：「我先滿足了自己在俗世間的美好，再來全心追求出世間的大智慧。」這種想法其實就只是在「禮」這個形式上的層次打轉，根本沒導入正途。

如果你還放不下這些世間的名聞利養，就不要認為自己只要達到哪個階段就能潛心修行了。要知道，慾望是沒有止境的。絕大多數人一開始都是說：「我只要有幾百萬就夠了。」但是，當你真的有了幾百萬的時候，必會覺得這幾百萬還不夠。

一旦決定要修行，當下就去修！別被世間那些「光環」

給模糊了焦點。

老子在《道德經》說過：「知足者常樂也，知足者富也」。得道者當下就滿足了。至於凡人對於眼前一切還有諸多不滿，那是凡人他自己的思維模式造成的，並不是說凡人真的就缺了什麼，而是因為心理上的缺失讓自己永遠都處於不滿足的狀態。凡人總想著：等自己在名利方面獲得滿足之後再去修道，其實這就是在給自己找藉口。

會這樣想的人永遠都走不上修道讀這條路。為什麼？因為天天都在想自己該怎樣做才能滿足現實中的那些需求。也就是說，這種人對於修道有個前提：要先滿足了俗世裡的那些光環，自己才願意捨棄一切地去修道。這種不滿現況的想法絆住了自己去修道，也等於分開了出世間的修道與現實生活。

出世間和世間，這兩者本來就是個矛盾體，它們就是彼此對立的陰陽兩面。先前提過了，一旦陰陽分裂，我們就會離道愈來愈遠。所以，這種人即使天天口口聲聲說自己在修道，也真的天天在研讀經典、打坐念佛，但由於心態不對，這些努力也是徒勞。

修道，必須當下即起行

大道至簡。其實，修道最根本的做法就是去統一這個矛盾體的陰陽兩面。那麼，我們怎麼統一「世間」的圓滿和「出世間」的修行呢？是要等到自己有錢有閒之後，在世間的一切都獲得了滿足，然後這塊再去修「出世間」嗎？如果你這樣打算的話，就是在分裂世間與出世間的這兩個元素。正確的做法是：「當下聞道，當下既入」。

修道修行，並不是出世間的事兒。這個理是出世間的理，事不是出世間的事，修也不是在山上修，更不是在寺廟裡修。寺廟那種地方根本就修不了。你以為在寺廟裡修行就能脫離紅塵，因為這裡好像沒有人世間那些複雜的人際關係與各種交往應酬，所以你覺得寺廟很清淨。我告訴你，寺廟裡頭比俗世間還要黑暗，比俗世間的爭鬥更煎熬！你以為自己在寺廟裡就能脫離紅塵，才不是！你脫不了的。而且，你一旦脫開了紅塵，你就修不了。

我們學修道，學到這個時候一定要明白這點：修道是當下即起行。這個「當下即行」就是什麼？就是統一你對於出世間的智慧；世間的名聞利養的追求。出世間的智慧跟世間

的名聞利養其實就是一個「矛盾的統一體」。

當我們要開始修道的時候，得先端正自己對待道的態度。你覺得自己是屬於上根、中根還是下根之人？當然了，如果你是下根之人（下士），也不可能會閱讀本書並且翻到這一頁。我們在這裡都已經講解到《道德經》的第四十一章了，真正的下根之人若不小心看到這樣的內容，讀沒幾句就會哈哈大笑：「淨是鬼扯淡！」然後闔上書，看都不看一眼。

如果是中士（中根之人），看了這本書以後，只會半信半疑；愈看下去，內心冒出的疑問就愈多。勤行勤修個兩天就鬆懈了。因為一有疑問，修行就會鬆懈下來。只有在信心十足的情況下，才能堅定不移、堅忍不拔地修。一旦信心有了動搖，你的修行必然會鬆懈下來。

信和勤是有連帶關係的。所以，你看有些人雖然信道，但是修行卻不勤，這就是因為他信得不夠堅定的緣故。大多數人都是既不信又不勤，所以聖人在《道德經》第四十一章把人的三個層次做了一番簡介，我們可以自行對號入座。

第三節　道，變化無窮又高深莫測

所謂的「明道若昧，進道若退，夷道若纇」，整句就是在講解「道」的陰陽兩面性。變與不變，易與不易，千變萬化就是得道的狀態。

得道者表現反不如常人

【故建言有之】那麼，開頭的「建言」是什麼意思呢？通常，「建言」是指引用某本古代經典裡的內容。比如，孔子就常在他的著作裡面引用經典：「《詩》曰……」之類的。但是，老子寫下《道德經》的時候，孔子還沒有編纂十三經。既然後世的「經典」在這時還未成型；那麼，老子能引用的就只有《尚書》或《詩經》等上古經典了。但由於上古經典多已失傳，我們無法得知老子引用的「建言」到底出自何處。

【明道若昧】裡的「明道」是通曉天道之意，也就是得道的意思；「昧」的本意是昏暗、不明的樣子，這裡是指眼睛看不清楚、視力很差，引申為人沒有眼光、欠缺分

辨的能力。

這句「明道若昧」呼應了《道德經》第四十一章前後段落的內容。上一段的「上士聞道，勤而行之；中士聞道，若存若亡；下士聞道，大笑之。不笑不足以為道。」告訴我們，不同層次的人面對道的反應會截然不同。下面緊接著此段的「上德若谷；大白若辱，廣德若不足；建德若偷，質真若渝」則告訴我們：得道會是怎樣的狀態，而這種狀態往往與世人認知截然相反。

為什麼下士聽到真正的道會哈哈大笑，看到修道人會出言諷刺甚至謾罵？其實就是因為得道者（明道的人）跟世人預設的形象恰恰相反。老子在這裡用這四字來形容得道者的狀態：「明道若昧」。

得道者表現出來的樣子，就像眼睛看不清東西似的。但由於世人都預設明道者應該很聰明伶俐。我們都認為，當人掌握了天道智慧之後，就會變得目光高遠、廣闊，明道者的起點應該比普通人高，明道者看待事情應該更具前瞻性、指導性，甚至能成為眾人眼中的先知。殊不知，如果現實中真的有人各方面都卓越拔群，他人絕不會是明道者。因為，這

種人明的並不是道，他明的是世間的邏輯思維，所以才會事事比別人強，分析判斷事物的能力比普通人精準，看事情比尋常人來得更高瞻遠矚……。

真正明道的人他才不會表現出那種聰明伶俐、高瞻遠矚的精明模樣，也絕不可能成為先知。真正明道的人必定是像個瞎子似的「明道若昧」，他在看事情的時候甚至還不如平常人看得明白透徹。

為什麼會這樣？原來，凡夫俗子認為自己看得明白了，是因為他只看到事物的其中一點，就自以為掌握了整個事物，這哪是真正明白！

而明道的人在看待任何事物時，看的可不只是一個點而已，他看的是整體！所謂的整體就包含了內外，因此有上下、長短、大小，黑白等顏色，以及各種變化。也就是說，你看得愈全面，看得愈深、愈透徹，你就愈說不明白。

當人只看到一個點的時候，很容易就將自己所見用口語表達出來：「我看見的是個白點，這個白點是多大或多小……」。所以，大家（包含這個人）都認為他看得很清楚明白。

但如果這個人能同時看到好幾個點或是看得更深入的時候，他可就不知所措了：「咦，好像是白的，但好像又有別的顏色……」或者「這個點怎麼會有時大有時小？」……。當看的面積愈大，看的層次愈深，就愈能看出事物的無窮變化，最後就能明白：任何事物都是莫測高深的。

所以，當你去問一位真正明道的人，他在回答的時候可能會很遲疑，絕對不會馬上就明確地告訴你這件事將怎麼發展。為什麼？因為他看到的內容太多了，而且資訊是變化無窮、高深莫測的。

任何事物都是變化無窮、高深莫測的。當它開始往前發展，就會有起點、過程與結果。這當中有無數的變因素在起作用，比如，人心一動，結果就會不一樣。所以，真正明道的人絕不會像我們認為的那麼聰慧，問什麼都能夠對答如流，而且答案都非常地明確。明道的人，反應會很遲疑，跟你說的話還很模棱兩可，不是那麼地堅決、明確。

但是，明確答案才是人們要的，因為大家都想從高人身上獲得指點：「結果，你卻只給幾句莫名其妙、模棱兩可、讓人聽不懂的話！」普通人難免會心生不滿、給予這

位明道者極低的評價。

道不會單純地直線運行

【進道若退】，就如同我們先前提過的，道的運行是反覆來回的循環路線，因此，前進就等於後退。

如果運行軌跡是線性的直線，不管是一個點或一條線，都很容易描述清楚。比如，那條線、那個點它就在那裡！方向為何、尺寸多大，顏色與變化又是如何……。如果要讓一個還沒有得道的人給你指明方向，他能看到的就只是一條直線，所以很容易就能給你指點：該怎麼走、往這個方向的話會怎麼樣、往另一個方向又會如何如何……。

但是，一個得道的人看到的可不是一條線，也不是一個面，更不是一個單點！得道者看到的是一個立體。所以，當你問方向時，他該怎麼描述才能讓你理解？

道的進退沒有線性的規律，並不是說進退就會有固定的某個方向。你應該往哪個方向走，這是無法確定的！比如，你上個月問得道者：「這個案子該怎麼做，我該往哪個方向努力？」他會告訴你該怎麼做，做法也很明確。結

果，過了一個月你再問他同樣的案子，他卻推翻了先前的答案。他可能會跟你說，改走另一個方向，甚至告訴你「這件事就別做了」。

得道者給出的答覆前後不一致，讓常人覺得滿頭霧水。「為什麼你上個月告訴我要那樣做，現在卻說我應該要這樣做？」「你上個月還跟我說要怎麼做才好，結果現在卻勸我別做了！」「為什麼上個月OK，這個月就不行！」

為什麼？因為環境變了，人心變了，裡裡外外一切都在變，所以「進道若退」。得道者掌握事態的全貌，所以有時會勸我們後退一步海闊天空，繼續往前反而會招致禍患。

世間任何事物都沒有定數，包括人的命運也如此，一切都在不斷地變化。當然，變中也有不變的規律，這個不變的規律就是「變」。所以，常人親眼親耳看到聽到得道者今天說一樣，明天又說別樣；不會認為這種人得道，反而心生輕視；「騙人！」「胡扯！」從此不再信任這位得道者，然後刻意保持距離。這就是現實中大部分人（也就下士）面對得道者的反應。

道變化多端且莫測高深

【夷道若纇。】這裡的「夷」跟「纇」是什麼意思呢？「夷」這個字有平易、平安的意思，例如我們常說的「化險為夷」。「夷」在這裡指的是平坦，「夷道」就是看似平坦的大道。至於這個罕見字「纇」（注音ㄌㄟˋ），原意是絲線纏結成疙瘩，當形容詞則有「乖戾」的意思。「纇」在這裡是指道路不平坦，進而譬喻天道是變化多端的。這句「夷道若纇」是說，道可不是那麼簡單的東西！雖說「大道至簡」（這叫做「夷」），但道真的只有至簡嗎？可不是那麼回事！道變化多端，高深莫測，既摸不著頭也看不到尾。

所以，掌握道的人就像神龍一樣，神龍不是飛騰於九天就是遨遊於九淵，平常人難以捉摸。所以，孔子向老子請教禮方面的事情，回來之後，弟子們很好奇老子究竟是什麼樣的人，孔子就跟弟子描述：「這個人就像神龍一樣，神龍見首不見尾，上天入地也看不清楚他到底是怎麼一回事，太高深莫測了！」（註）

其實，兩位聖人見面的時候，老子說的話並不多，都是

孔子滔滔不絕地在表達自己的政治觀點、自己的理想，或是展示自己的學識，老子幾乎全程都在傾聽。其實，老子這樣就很符合得道者的狀態。為何老子沒講幾句，孔子反而給予最高評價呢？因為孔子自己就是聖人，他明白老子這種狀態就是「明道若昧，進道若退，夷道若纇」的展現。

如果是普通人見到得道者，通常會輕視甚至不信任對方，甚至還會覺得他不如自己，然後就這樣地哈哈大笑。對吧！但是，得道者說的話雖然讓人摸不著頭腦，但有的時候就很靈驗，讓你覺得這位得道者就是個充滿智慧的先知。但更多時候得道者說出來的話難以理解，有的人不能明白箇中道理就認為得道者說的是蠢話，這時，普通人就會認為得道者是個笨蛋。

得道者讓常人難以捉摸

得道者如神龍見首不見尾，他到底是聰明還是愚蠢？誰也說不清。當得道者表現了世人能理解的智慧，大家就會認

*註：語出《史記‧老子列傳》，原文為「游者可為網，飛者可為矰。至於龍也，吾不知其乘風雲上升！今日見老子，其猶龍乎！」

為得道者就像在九天飛翔的神龍一樣，高不可，讓人羨慕不已。當得道者表現出一些令世人無法理解的「愚蠢」言行，或是一副木訥寡言的時候，大家就會認為這個人的智商「深藏於九淵」，水準還遠遠不如自己呢！所以，當得道者表現如同飛龍在天的時候，大家就會信任他。當得道者表現得猶如龍藏於九淵的時候，每一個人就輕視、不信任他。

所以，世人因為無法理解得道者，於是就設想得道的智者應該天天都會表現出智慧高遠的樣子、得道者應該是一位能夠引領眾生的先知……。然後，只要自己能接近這樣的人、拜他為師，這一生都能靠這盞明燈指定方向，從而再也不犯錯，再也不會受到任何磨難。這就是世人的想當然耳。但是，得道者能給你這些你想要的嗎？答案是否定的。

那種天天表現一副特別聰明睿智、特別有大智慧的人，絕不是得道者，而是魔！所以，我們學《道德經》的時候要釐清這點：如果只憑著對方外顯於外的表象與自己的心理認知，我們絕對看不出誰才是得道者。搞不好，那位被人最瞧不起，甚至是最憤恨的才是得道者！我們之所以會誤判，就是因為自己修為有限。修為的高度會決定我們對

他人及世界的評價。

所以，老子在《道德經》一再告誡我們：不管自己多麼優秀，都要謙卑。千萬別自以為是，更不可自我炫耀！也許，你炫耀的對象，就你認知來看不過是個木訥、愚痴、啥都搞不清的睜眼瞎子，但實際上人家卻是因為得了道，明白自己要閉上世俗之眼才能擦亮心眼，所以表現出一副愚昧笨拙狀。

現實中有很多聰明人天天都在爭相表現自己的聰慧：不管是明察秋毫的敏銳度，還是聰明伶俐的快捷反應，就老子的觀點來看，這種人最蠢，離道甚遠！因為，當肉眼特別明亮的時候，心眼就會變得特別地遲鈍、愚昧。

眼和心，一個是表現於外的陽面，一個是藏於內的陰面，這就是互為陰陽的一例。你的視力、衡量事物的眼光，都是展示於外的陽。如果你一味要強，拼命表現出最強、最敏銳、最伶俐、最有鋒芒的觀察力，你的內心就會因此變得虛弱。這就是陰陽消長的規律。

所以，只有讓自己的眼神變得迷離，收斂眼光的鋒芒，力量才能回到我的內心，我的心靈才會變得愈來愈強大。

你說，你是要追求眼的強大？還要內心的強大？當然是內心的強大！但若要內心變得強大，就得收斂你的眼光，就得表顯出恭謹、卑微的態度。就得脫離那種自以為是、自我炫耀的發散狀態，這樣才能把能量聚攏到內心。這就是道德經給我們的智慧。

謙卑，是因老子已得道

老子是周景王的老師，老子掌管周的國家圖書館，等於是現在所說的圖書館館長。什麼人才能掌管這些從上古流傳下來的經典？這些典藏連一般的王公貴族也不允許接觸，只有王室的直系成員才能閱覽，而老子就是負責管理這些藏書的人。當然，老子的工作可不僅限於收藏、管理書籍，他同時還要給天子以及天子的直系子孫講解這些東西，所以，老子也就是帝師。

但是，我們若去觀察老子這位帝師，會發現他非常地謙恭。當孔子想約老子面談的時候，孔子竟然也能約成！要知道，孔子在當時不過只是一個出身不高的低階貴族，孔子那時候擔任的職務也很低，位階就跟現代公務人員體系裡的科

員差不多。而老子當時是什麼身份？是帝師，就連周景王見到老子都得俯身下拜。所以，當一個小公務員向王室裡極為尊貴的大人物發出了邀約，地位高高在上的老子竟會願意接受，甚至給予指導！你想想，這若發生在現代會是怎樣的情景？如果有個基層的小公務員想跟國家元首當面談談學術心得與人生理想，元首會理你嗎？就算元首給予有禮的回應，但小公務員能見到元首，甚至坐下來聊聊嗎？別說國家元首了，大概連市長你都見不著吧！所以，我們從《史記》的記載就能看出老子這個人真是聖人，他是真正的德道者，老子對待他人的方式就很合乎天理。

還有，老子一生除了留下這部《道德經》，似乎就沒有什麼豐功偉績。但是，這部《道德經》卻光耀了後世數千年之久！這不僅因為老子在這五千言裡摘錄了周王室圖書館那些上古文獻的精華片段，給予後人充滿智慧的警示。更重要的是，老子透過《道德經》為世人揭示了何謂「道」的境界。因為，老子本身的智慧與修為已經達到「道」的境界，所以有能力來闡述這些真理。這是其他經典的作者難以望其項背的特殊之處！

第四節　得道的狀態顛覆世人認知

老子在上一段說明了道的運行不是世人能理解的單向性直線運動；因此，得道的狀態也跟世人所預想的相反。接下來這段進而描述得道之人（真正的智者、仁者），外在的表現會是如何。

境界愈高，表現愈卑下

【上德若谷】。我們前面講過，「上德」是道落實在人間之後最高的境界，就像群山裡的最高峰、群眾裡頭最為崇高的人。「谷」則是地勢最低下的山谷。山谷在群山裡頭是地勢最為卑下之處，也是藏污納垢、陽光照不到的地方。「上德若谷」的意思就是，得道（上德）的思想境界猶如萬仞山巔，但表現出來的言行舉止卻像山谷般地卑下。

你看，「上德若谷」又是陰陽互為表裡的一例！道理就跟前面講過的「凡也者道之動也，弱也者道之用也」一樣。得道者內心深處的境界非常地高，但表現出來的外在形式卻

與內心境界相反。境界愈高，外在表現出來的就愈低，這種矛盾的統一體就是「道之用也」、「上德如谷」，也是接下來的這句「大白若辱」。

【大白若辱】，裡面的「大白」是完美無瑕的意思。「辱」，委屈、侮辱，自己好像對不起誰似地唯唯諾諾。

正常來講，凡人若是心中坦蕩蕩，沒有任何對不起誰的過失，待人做事方面就會理直氣壯起來：「我是君子。君子坦蕩蕩，如果有誰想整我，請先拿出證據來！反正我不怕，因為我是潔白無瑕的。」「我沒有留下什麼把柄，既不貪財又不好色，我就是一心為公、一心為國、一心為人民……。」很多人自恃是大白、至白的君子，最後就修成一副清高、自傲、目中無人的樣子。憑的是什麼？「反正我沒有把柄被你抓在手裡，我也不求你。」就這樣，世俗中的人很就容易走到這種地步。然後，這種自認是大公無私的人若身居高位，就會表現出清高自傲的姿態，然後隨意指責別人。在他眼裡別人怎麼都不對，只有自己有發言權指點江山。世間有太多這種所謂的「聖人」了！

但是，真正的「聖人」會是怎樣的狀態呢？雖然他在做

人做事方面沒有瑕疵（「大白」），但他表現出來的外在形式卻給人一種感覺：好像被人抓住把柄似的，好像自己欠別人似的謙卑感。

結果這就導致一個有趣現象：任何人在得道者的面前，都會覺得自己好像挺有理的、好像挺仗義似的，也就是自己是「大白」的錯覺。「我君子坦蕩蕩，我應該抬起頭來要過日子！」所以，如果你覺得自己是「大白」的時候，反而要警惕自己要更謹慎。真正得道的人並不會覺得自己是「大白」，反而抱持著「辱」的卑下姿態。當然了，得道者的狀態跟自己有沒有把柄在人手中、自己為人做事有無瑕疵都沒有關係。

得道者在世間，即使再怎麼富貴、再怎麼有權勢、人脈再怎麼強大……，都能表現出低人一等的姿態，要做到這點實在是太不容易了！平常人只要一得勢便猖狂，一旦猖狂了就無所顧忌、任性妄為；等到胡作非為到達一個節點，就身敗名裂。

反觀得道者，隨時給自己處於低人一等的狀態，讓人感

覺這位得道者好像處處不如別人似的。試想，誰會去想惡搞、算計這樣的人呢？誰會去想辦法把這樣的人再打趴到低谷呢？「他都已經居於最低處了，還能往哪裡打？」在世間的各種競爭裡，每位參與者都想把那些成功者、高高在上的人給拉下來、打入深淵，這就是人性。但由於得道者表現一副非常卑下的樣子，反而能夠躲過這種無謂紛爭。

所以，說得道者內心深處的境界上已經居於萬仞之顛了，但外在表現出來的卻又像身處深淵或山谷中，比誰都低的樣子，這個就是他對道的運用，也是得道者的一種特徵。所以，一個人得沒得道，其實從表面就能看出來了。我們只要觀察這個人的言行舉止、看他的衣著穿戴，從這些就能看出來此人的境界如何，是否真正地得了道。

德業愈大，越戰戰兢兢

【廣德若不足】。這句裡面的「廣」，是指上德廣大的程度；「不足」，就是有缺失、有漏，形容虧欠別人、虧欠萬物的樣子。那麼，這句「廣德若不足」到底是什麼意思？為何上德很廣大，大到了澤披萬物的程度，怎麼上

德反而變成一副對不起萬事萬物的樣子？

正常來講，如果一個人能夠利於眾生，萬民由於此人的恩德而得以生養、成長，這個人必然會被眾生視為救世主，大家都對他感恩戴德。但是，真正得道的人在眾生面前會是什麼樣的狀態？得道者雖然澤披萬物、教化眾生，讓眾生的心靈得到了滋養、成長與壯大。但這位得道者卻在眾生面前表現得非常卑微，就像自己虧欠眾生一樣，這就叫做「廣德如不足」。結果，大家在這位得道者、教化者面前都覺得自己挺偉大的，殊不知被自己輕視的那人才是為大家帶來恩德的得道者。

【建德若偷】這句的譬喻方式，對比又更鮮明了。「建德若偷」的「建德」，是指得道者在世間創下有益世人的功業。所謂的「建德」對聖人而言，就是教化眾人這件事。「偷」在這裡是卑弱的意思。

為什麼「偷」是指卑弱呢？你想想，一個人只有在心有不足的時候才會去偷。只有覺得自己很貧窮的人才會去偷富貴者的東西，因為這種人總覺得對方擁有的比自己多，只有藉由偷別人的東西來滿足自己。如果一個人對自己的現狀感

到滿意（內心很強大），就算是赤貧如洗，也不會想要去偷別人的東西。但老子在這裡選了「偷」如此負面、卑鄙的字詞，就是要對比出「建德」的崇高偉大。

所以「建德若偷」這句的真正意思是，得道者雖然在世間創下了教化眾人的功業，德被眾生，但得道者卻自認不如眾人。得道者也從不覺得自己做的事情是什麼澤被眾生的功業。不管是立德、立言還是立功，出書也好，演講也好，答疑也好，解惑也好，聖人只是在盡自己的心、盡自己的力去教化大家而已。所以，聖人創建偉大的教化功業，並不會表現出一副高高在上、傲視眾人的優越姿態，反而深怕自己做得還不夠好，這就叫做「建德若偷」。

【質真若渝】。我們要好好理解這句裡的「質」跟「渝」。「質」是指本質，也就是內心。「渝」本意是指變動、改變，在這句裡面引申為多疑、善變、不信的意思。

明道者（得道的人），內心對於道是至信而真誠的，這叫做「質真」。但是，明道者表現出來的狀態反而是多變的，讓人不知從何信起，因此產生懷疑。

明道之後為何會表現出多變這種形式？得道的人在現

實中絕不是一諾千金、金口玉言。當人在內心深處達到了至真、至誠、至信的境界，他表現出來的卻是善變、不可信，為什麼會這樣？因為，一味地不變，內外都不變，那叫做僵化，那才不是道！

我們學《道德經》學到這裡，早已明白「道」有著恆常不變的定律，但是「道」同時又有變，而且這種變是有規律的變。道有不變同時又有萬變，天道是恆常不變的，道規卻是千變萬化的；人要把握這種變與不變，然後靈活地去運用，這就叫做「凡也者道之動也」。要釐清這點：「道」是反著來的！

得道者的至誠與至信，體現在他內心對於天道恆常不變的堅定不移；但是，得道者顯化於外的言行舉止則千變萬化，這符合了道法運行的變動規則。這種變與不變、易與不易，就是得道者的狀態。

第五節　道無邊無際卻也無所不容

得道的人不會墨守一個不變之規。所謂「內外一致」、「表裡如一」，這些字眼絕對不是在描寫得道的人，而是在描寫世間的君子。

世間君子重視一諾千金、金口玉言，然後自己的表現是純白、守仁、至真。世間的君子要求自己內外都能做到君子坦蕩蕩。但，得道的人可不是如此！孔子形容老子就像遊龍一樣，一般人既摸不著龍的頭，也看不見龍的尾，這條神龍非常地莫測高深。老子則在《道德經》第四十一章後半段則描述了得道者的各種狀態：「大方無隅，大器晚成，大音希聲，大象無形，道隱無名。」

以下，我們就來逐句解讀這些用來形容得道者狀態的一組組比喻。

大方無隅，不以幾度人

【大方無隅】。所謂的「方」對應的是「圓」，也就是「道」運行軌跡的形狀。

一般來說，「方」（方形物體）都有棱角，圓的球體就沒有棱角了。那麼，當長方體的尺寸大到一定程度，我們還能看到它的棱角嗎？如果這個長方體變得更大，大到了無邊無際的時候，我們還能看到那個棱角嗎？兩個答案都是否定的。

「方」在這句裡有著更深一層的含義：所謂的「方」，就是原則、定律。方正代表了不變。俗話說「沒有規矩不成方圓」，有規矩才能有方。所以，得道者心中存有大原則。但是，得道者的外在表現卻又沒有鋒芒，看不到棱角，待人處事都圓融、不見鋒芒，這就叫做「大方無隅」。

所謂的「大方」指的是聖人內心的境界，至於這個稜角（也就是「隅」）則是顯現於外，針對他人的。

大方的人，言行舉止都會不刺激或冒犯他人，因為這種人並不會以方正（也就是不變的規則）為原則。你說，聖人有沒有原則呢？當然有，大道本身就是一個恆常不變之規。聖人有原則，而且他堅守著這個大道的原則。但是，聖人又不會讓別人感受到他內心遵守的原則會扎人。我說的扎人是什麼的意思呢？就是說用我的原則去要求別人，

結果讓別人感到不舒服。

得道者看似都很隨順眾生，也很愛贊嘆眾生，一副自己對眾生沒有任何要求的樣子。得道者不會告訴你哪個對哪個錯。因為得道者明白，每個人都有自己的方式。所以，得道者會尊重他人的想法、做法，不會把自己的標準強壓在對方身上。得道的人只會自律，聽從自己內心裡的大道的標準，但他從不會拿這個標準去要求別人。

大器晚成，修道需慢磨

【大器晚成】。器，也就是器皿、東西的意思，在此引申為人。老子在這句裡頭用來大器比喻的偉大、品格高潔的人。

我們知道，相同精緻度的東西，體積小的比較快完成，體積大的，用的物料多、用的人工多，所以需要較久的時間才能完成。這就是「大器晚成」的意思。所謂的「大器」也可能指作工精美、設計不凡的器皿。那些做工愈精細的東西，愈能流傳長久。

這句「大器晚成」告訴我們，修道就像在打造這世上最

珍貴、最偉大的一件功業。如果我們希望這項功業能夠流傳萬古，就得下足功夫去用心琢磨，每個細節都得做到至真至善的程度，這是急不得的。

修道不是急功近利的事。並不是得了一句秘訣，或是打坐入了定就成仙成佛。修道得要慢慢地磨。磨什麼？磨自己的習性、磨自己的秉性、磨自己的習氣。我們在不斷地磨練自我的過程中，慢慢地轉化心智，一點一點地往上昇華。所以，修道絕對是一件急不得的事。

凡夫俗子都想少年便得志，許多修道人都認為自己很有天賦，奢想遇上名師之後，不到一個月甚至一個星期內就能立即成道。先不管這種成道的機率如何，你如此快速成道，結果必是粗製劣造的。任何東西，就連一個器皿，如果想達到真正的精緻度，都必須下功夫，花費時間與心力去不斷修正至完美。何況是個人！

所以，修道者修的是什麼？將身心靈磨練至純淨的至善境界。修道不僅是一生一世的事，也是生生世世的事。我們要花費一生甚至好幾個輪迴來打磨自己的心靈與肉身，這不是一蹴可幾的事。

現代人什麼都圖快，連日常三餐也用速食來打發。但是，如果想要做好料理，那也需要慢功夫。要花上足夠的時間，把食材的滋味都燉出來，火候到了，這才能激發出真正的美味。你瞧，就連打造一頓美食都得用上慢功夫，何況人要在身心靈三方面都能昇華成道！

道無聲無形卻無處不在

接下來的「大音希聲」「大象無形」，也是《道德經》最常被後人引用的片段。

【大音希聲】，真正能夠傳播得又久又遠的聲音，這種「大音」雖然遍布每一個地方，但是，普通人卻聽不見。普通人能聽到的，都是最表面的音波。普通人的聽力還沒到可以聽懂「大音」的程度。

【大象無形】。所謂的「大象」，是指那種大到無邊無際的程度。雖然「大象」是視覺上的形狀，但因為這個形狀太大了，「目盡虛空遍法界，無處不在」；但是，普通人身處其中反而無法察覺到這個「大象」的存在，更別說能知道它的形狀是什麼了。

　　以海為例。每個海都是有疆界的，海的水域也有形狀的。但如果我們是大海中無數生物裡的其中一員，你跟這片海域相比是非常非常渺小的存在，然後你去看這片海洋，能看出它的形狀、它的邊界嗎？當然不可能。人跟宇宙相比，人也是非常非常渺小的存在，所以無從得知宇宙這種「大象」的邊界與形狀。

　　【道隱無名】。這句的意思是，當某種東西大到了能夠包容萬物的程度，雖然是無所不在，但人們卻看不到它。這時，因為人們沒法察覺它的身影，因此沒法來幫它命名，所以只能勉強把它稱為「道」。

　　【夫唯道，善貸且成】。「善貸且成」的「貸」就是借。借則引申為滋養幫助的意思。「成」是成物之美、成人之美，幫助他人的意思。這句是說，大道有滋養萬物、成就萬物的特性。

　　大道善於付出、善於成就萬物。那麼，大道「借」什麼？我足而比不足。也就是說，他有多餘的就會借給你。大道他在造就他的幫助，這就叫做恩澤萬物、德被蒼生。

　　君主是人間的領導者，君主就該具備這樣的大道特性，

要善於成就天下百姓：「蒼生因我而受益，我來成就蒼生的事業，所以眾生就該受到我的澤被。」我們都說佛菩薩都慈悲為懷，善待眾生，拔眾生之苦，然後滿眾生之願。所謂的滿眾生之願也就是「善成」。

《道德經》四十一章，對於現實生活中不同人面對道的狀態，以及對於道的特性，從不同角度更深入地說明。我們讀了這章，在修道之路就該信勤不輟，也要隨時收斂自己的鋒芒，面對俗世間的人事物都要抱持謙虛卑下的心。這才能一點一滴地磨去不好的習性，逐步地往上昇華。

第七章

調和陰陽，人類方為萬物之靈

——《道德經》第四十二章

當萬物從無中生有之後，

天生就具備了對立的陰陽兩面。

人要掌握陰陽消、長轉化的規律，

調和陰陽，

從而讓自身與周遭人事物獲得長治久安。

第一節　道化生萬物，又聚成生氣

《道德經》第四十二章

【道生一，一生二，二生三，三生萬物。萬物負陰而抱陽，沖氣以為和。人之所惡，惟孤寡不穀，而王公以自名也。故物或損之而益，或益之而損。人之所教，亦議而教人。強梁者不得其死，吾將以為學父。】

《道德經》第四十二章，開篇第一句「道生一，一生二，二生三，三生萬物」可說是家喻戶曉的名句。《道德經》第四十二章全篇講述了天道衍生出萬物的規律。

從無到有，萬物的誕生過程

自古以來，大家都很熟悉《道德經》的這句「道生一，一生二，二生三，三生萬物」。那麼，這句到底說的是什麼呢？意思就是：道化生了萬物，又聚成了生氣。

【道生一】。我們前面講了很多，所謂的「一」就是太極，也就是「無極」、或稱為「道」。「太極」是一種

混沌的狀態。在這個混沌態之中沒有陰陽之分，整個內外都完全一致，是一個整體。

但是，在「一」這種狀態的時候，這個整體內部會因為觀察者出現了而分出陰陽。

【一生二】，這句說的就是「一」的內部已經分出陰陽。

這時，這個太極雖然還是一個整體，但其內部已經形成了陰和陽，只是在外表的形式上還保有整體性。那麼，這個「一」（也就是所謂的「太極」）到底是個怎樣的狀態呢？

我們可以說，「一」是概念上的一種理想狀態。因為，在宇宙中其實並不存在著「太極」這種狀態，也根本就沒有所謂的「無極」。但是，我們也可以說宇宙之間其實還是有過「一」的存在；只不過，那個「一」只存在了一瞬間而已。因為，有了太極就會有分別；一旦有了分別，立即就會產生兩儀。所以，「一」的狀態不可能永存。因為，這種存在一出現就立刻陰陽分化了。既然有了陰陽，就會分出「二」，所謂的「二」就是陰陽。陰陽這種狀態

就不能再稱為「一」了。

二生三，形靈俱備的生命體

關於陰陽，我們前面講了很多，陰陽是構成萬事萬物的基礎。而「一生二」就是陰陽構成萬事萬物的過程。

【二生三】，二是陰陽之間相互轉化、彼此消長及交互作用的互動過程。透過這個過程，形成了各式各樣的萬物。

萬物有形，這個形是透過「二」（陰陽）化生、聚合而成的。但是，物體光有形還不能被稱為萬物。萬物是有生命的。若只有形的話，不過只是單純的物質而已。有了形，必需還有個與之匹配的靈，萬物有了靈才具備生命，也才有了意義。而「三」就代表了靈，因此這裡說「二生三」。

那麼，靈來自哪裡？靈也源於道，也就是來自無極。無極本身就是形與靈的本源。

其實，當「一生二」的時候，萬物就已經被化生出來了，怎麼還得要「二生三」呢？其實，這時化生出來的萬物是死物，也叫做無情之物。

死物不像生命體，它只是具有形體而已。但是，物質

空具形體又有什麼意義呢？死物就像沙漠裡的沙丘、沙灘、流沙一樣，雖然外在型態隨時會有變化，但本質上並無意義。比如，沙丘可能被大自然的風一吹就形成了像城堡的樣子；然後，風再吹，這座沙堡又變成了趴在地上的恐龍……。不管是沙堡還是沙子恐龍，全都沒有任何的實質意義。為什麼沒有意義，因為它不具生命，沒有生命的東西就不能稱為萬物。

所謂的萬物，是指宇宙間有生命的東西。不光有形，還得有生命、有活力。以人為例，你說活人和死人的區別在哪裡？活人不僅有肉體這個形，還有靈魂；活人是活的，能動。死人也有形，但死人並不是有情之物，死人沒有生命、沒有活力，也不能稱為萬物。

萬物是各有各的生命，各有各的活力，各有各的活法。萬物各有自己的成長周期，成住敗空的周期。而死物是無情之物，頂多算是物質，不能稱為萬物。萬是豐富多彩，包羅萬象的意思。萬物因為帶有生命，而擁有各種成住敗空的變化。

所以，「二生三」的另一層涵義就是：物質一旦有了

形，必定還有個與之相符的靈，這物質才是活的、才能被稱為生命體。

三生萬物，天地因人而生動

【三生萬物。】上段提到，萬物就是有生命的活體。「三生萬物」，有了「三」，這個形才能活起來，這就叫做「三生萬物」。

可是，怎麼沒有「四」呢？不需要，有「三」就足夠了。為什麼？「二」成形，「三」入靈，這時萬物已經有形有靈，成為活的生命體。萬物都是由物質、形體靈與這三個部分所組成的。嚴格說，其實就只有兩個部分，一個是靈，一個是形。

我們經常說「天地人」這組詞。這當中的天地，本身就是陰和陽的投射。到底是先有天地還是先有人？這一直是哲學上一個深層的問題，到現在都沒有能夠有很好的解答。正常來講，我們（人）要先去察覺這個大自然有天有地，然後才能有神靈化生出來。但是，若從道法或佛法來講，就不是這麼說了。道法或佛法認為，天地本來就存在於大自然。

那麼，天地存在的意義又是什麼？這裡講的意義並不是普遍的意義，而是「針對我」的意義。因為宇宙對每個眾生來說，意義都不同，並不會說這個宇宙對所有眾生只有一個通的意義，這是不可能的！因為每個眾生都是不同的個體。

所以，佛法跟道法都在告訴我們：天地因人而生。「天地因人而生」的意思是，雖然人源於大自然，是天地的一部分，但天地卻因為人靈而開始有了意義。

人因為天地「一生二」才有了形體，然後又因為有個靈入了形（「二生三」），才是一個生命體。活著的人能感知世界，同時又能向這個世界、宇宙去反饋。當這個宇宙在人眼中是活的時候，才會有宇宙運行的規律，還有晝夜、寒暑、四季、24節氣、時間與空間等概念。也就是說，我這個人的形來自於天地，但是天地卻因我這個人的靈而被賦予不同的意義。所以說，天地因我而生。

所以這就叫做「道生一，一生二，二生三，三生萬物」！萬事萬物全都與我的形靈合體合一，這才叫做萬物眾生。

第二節　人靈調和陰陽，大道不止

「萬物負陰而抱陽」，這句其實也是在講解前面「道生一，一生二，二生三，三生萬物」所闡釋的陰陽規律，也是我們在俗世間做人做事應遵循的道之理。

負陰抱陽，萬物運行的規律

【萬物負陰而抱陽】，我們先解釋何謂「負陰」與「抱陽」。負是承載，帶有向上拖的意思；抱則是抱到懷裡，動作是往內的。我們都知道，陽應該是顯示於外的。這句卻說「負陰」「抱陽」：把「陰」給托起來，載負或承載著「陰」：把「陽」往內抱。

這跟我們平常的認知完全相反。就跟上一章講解的「反也者道之動也，弱也者道之用也。」一樣，顛覆了世人的常識。其實，這就是大道運行的規律。

為什麼大道運行的過程中不能「負陽」而「抱陰」呢？因為，「陽」是動的，本身就靜不下來。如果不把「陽」給抱到懷裡，「陽」就會跑掉了。如果你把「陽」放在

表面，因為「陽」本身的特性就是動，「陽」直接就從表面脫離、飛散了。反觀「陰」的性質本身就是靜，如果你給「陰」抱在懷裡，「陰」就會靜靜地一動也不動，結果導致陰陽分開。一件事物倘若陰陽分開，這物體就不復存在了。

所以，若從陰陽構成萬事萬物的規律來講，我們反而要「抱陽」：把善動的、易動的「陽」給抱在懷裡，讓它動不了、讓它靜下來。但是你說它能靜下來嗎？不可能。我們不過是把「陽」侷限在內，「陽」這時無法隨意亂動，就只能被拘在這個位置靜靜地涌動。「陽」涌動的力量愈強大，「陽」就愈凝聚、愈聚集。

同時，我們把那個本來就很沉靜的「陰」就放在外面。由於「陰」本身就是靜的屬性，即使被放在外頭了也不會跑掉，「陰」還是一直的向內安靜。當然，「陰」本身這種沉靜的力量也在積蓄者，並且一心朝內。所以，這個生命體，內部有「陽」不斷地涌動、不斷地產生力量，外表有「陰」持續地往內凝結；所以，這個有形體才能形成凝聚不散。這就是「萬物負陰而抱陽」的意思。

其實，《道德經》前面講了這麼多的章節，老子其實

就在講這件事：不管是事件、物體、團隊、專案或國家，我們若想這件事、這個物體，以及這個團隊、專案與國家能維持住這個形體或形態，就得把屬於陽剛、發散的東西給收斂回來，同時將屬於陰的柔與弱給外顯出去，這才能保證外圓而內方、外柔而內剛，外表平靜而內部卻生生不息，永動不止。所謂的「負陰而抱陽」其實就是老子透過道，來讓我們理解自己該如何做人做事。

沖氣以為和，萬事方能長久

【沖氣以為和】。這句話的「沖」是矛盾、衝突的意思。從陰和陽的特性來講，陰陽本就不相容，陰陽是相互對立、相互排斥的，這就叫做「沖」。不管是物體、事件、某段感情或者個人，都得讓本身這兩股彼此矛盾的、對立的陰陽二氣能更好地融合在一起，人事物才會長久。

那麼，由誰來做「沖氣以為和」這件事？就是「三」在做這件事。「三」就是靈，而人就代表了靈。

八卦的卦象為什麼由三橫來組成？因為這三條橫線代表的就是天地人。天地的陰陽形成了萬物之形，這當中也

包括人；人是萬物之靈，所以人居天地之間。那麼，人靈的作用就是融合陰和陽。怎麼融合？不讓陰和陽按照本性去繼續地對立、分裂，而是讓陰陽融合（這叫做凝聚）。陰陽二氣是通過人來凝聚起來的。

那麼，凝聚陰陽二氣的原則是什麼呢？就是「負陰而抱陽，沖氣以為和」。原本彼此對立的陰陽二氣，在人的作用下而獲得調和，萬事萬物因此才能保有長久的活力。如果沒有人靈在當中起作用，天地就不能運行了。如果天地沒法運行，即使萬物有形卻沒有與靈來相聚，這個形也就自然會消散。

以樹為例。在一片森林中，既有枯樹，也有長得非常好、很茂密的大樹。一個枯樹雖然仍直挺挺地立在那兒，但由於已經失去生命力了，這棵枯樹現在徒有其形沒有其靈。樹必須有靈有形，才會是一棵充滿生命力、枝葉繁茂的樹；這種充滿生命力的樹，才能按照它應有的生命規律，隨著四季與樹靈而呈現該有的對應狀態。但是，缺乏生命力的樹就不同了。即使還沒枯死，但它的樹靈正在或已經離去，這棵樹只是一個形立在那裡而已，了無生機。

所以，人的靈，也就是我們的心靈、我們的精神體，它和形（肉體）同等重要。如果我們想要身體健康、長壽，生命平安、喜樂，我們一定要知道「一生二，二生三，三生萬物」的真義。也就是說，我們要知道形與靈是怎麼來的，也要明白什麼是「三」。只有「三」合一了，萬事萬物才能按規律地運行，去發展、壯大。

昇華，必須形和靈共同昇華

所謂的「三」，也就是天地人。天地延伸出、演化出人的形與人的靈。形與靈，我們都得重視。

《道德經》告訴我們：不要總是緊盯著身體這個形，我們還有個靈。所謂的昇華，必須是形和靈共同地昇華。此外，我們不能被欲望所奴役，不能被欲望所執著，也就是我們不能太墮落了。人為什麼會墮落？就是因為只知道形，然後無限地去滿足形方面的欲求、欲望，我們就這樣子地不斷墮落。要知道，這墮落的關鍵點並不是形的墮落，而是我們不關注靈。因為我們一旦把注意力都放在形這方面，就不

會再去關注靈的昇華了。

那麼，形在什麼情況下才能昇華呢？只有在欲望、欲求相對淡泊、清靜的情況下，才有利於形的昇華，這種狀態同時也是靈要昇華的必需條件。

但由於人的注意力有侷限，一旦過度重視肉體方面的需求，就會忽略精神方面的追求。這是因為人體這個生理結構導致了我們只能關注一個點的緣故。

人天生就無法關注所有的面向，甚至連同時關注兩個點都不可能。也就是說，一旦你關注你的靈，你就得放下對形的欲求或滿足。如果你要關注形，你自然就得放下對靈的昇華。別忘了，形和靈也是一組陰陽，形和靈彼此之間也有一個消長、轉化的結構，形和靈也是我們修行的依據。

所以，我們在理解這個話的時候要注意，萬物是由形和靈構成的，這就是「三生萬物」的意思。陰陽是構成萬物形體的根本，然後再加上「三」（靈）這樣形靈具備的人與萬物才有意義，才是活的生命體。

那麼，陰和陽是如何地凝聚、形成，才能讓形和靈能

融合成一體？老子就在這裡給出了答案：「萬物負陰而抱陽，沖氣以為和」。我們也可透過這段萬物負陰而抱陽，沖氣以為和」來好好地理解陰陽這個矛盾統一體。

第三節　負陰又抱陽，處世的智慧

《道德經》第四十二章前半段闡述了天道與天地人的關係，接下來就開始說明人身為萬物之靈，該如何在現實俗世間妥善地掌握天道之理。

稱孤道寡，古代王侯的智慧

【人之所惡，惟孤寡不穀，而王公以自名也】。這句話是什麼意思？其實這跟上一段的「負陰而抱陽」是同個意思。只不過是，老子在這裡採取另一種角度，以王公諸侯為例，重新詮釋人在現實中該如何應用「負陰而抱陽」的這個道理。

所謂「王公」，在老子生活的東周（春秋時期），「王」指的是諸侯國的王，以及統治列國的天子（帝王），「公」則是公卿大夫。「王公」在人類社會中屬於名利雙收、社經地位最高的階級。所以，這「王公」就屬於外顯的「陽」，而且是非常地外顯。那麼，身為「王公」的人該怎麼辦呢？得把「陽」往回收，也就是《道德經》寫的「抱

陽」。同時還要「負陰」，要彰顯負面的「陰」，也就是與「陽」對立的這一面。所以，身為高位的王公貴族，因為自己已經是身處尊位、名聲遠揚了，因此要展現出謙遜姿態，不以此為尊，不以此炫耀，不以此張揚，這就是「抱陽」。

所以，古代的帝王都自稱「寡人」「孤」，不補不善。這些統治階層在表面上都強調「我是惡人」，不會強化「我是聖人」的形象。因為，當你已經坐到王位了，如果還去強化「你在精神領域是個聖人」的完美形象，這不就把你的「陽」全部都外顯出來了嗎？

每個人都有陽的一面，同時必有陰的一面，也就是深藏在體內或心內、不為人知的那一面。如果把「陽」的那面全都外顯出來，這樣做就違背了陰陽轉化的原則。

陰陽是有它自行轉化的規律，這也是天道運行的規律；但是，人在順應天道之餘，仍可自行發揮主動性。人的主動性就表現在把控陰陽的方面。雖說，陰陽的轉化有它的自然規律，但是，當人靈參與進去之後，我就能轉化這個自然規律。比如，每項人事物都有成住敗空的發展歷程，我可以調整這個成住敗空的進程，這就是把握陰陽。

所以，古代的諸侯帝王、宮廷大夫都必須掌握智慧，他的身體才能長久，他的治權與國家才能長久。

怎麼把握？其實，老子在這裡告訴我們的方法只是其中一個例子而已。所以，現代人很難理解為什麼那些古代的帝王諸侯給自己起個名都那麼奇怪，淨撿大家不喜歡的字詞來用。而民間以往很多人家給剛出生的寶寶起小名（乳名），命名也都往卑賤的方向去思考，認為取賤名的孩子才能平安長大。這就是我們先祖運用陰陽調和的大智慧。

家中長輩當然希望自家子孫平安順遂，因此孩子的小名要取賤名，不能往崇高偉大的方向找名字。甚至，當孩子愈聰明、伶俐（陽面愈外顯），這樣的孩子的小名就要愈往醜、小、俗裡起。你看有很多大富翁、大官，乳名叫二狗子、狗剩……為什麼都取這種如此可笑的名字？殊不知，這裡頭有大學問啊！古時候高高在上的帝王都要自稱「孤」「寡人」。你說，鰥、寡、孤獨、殘、貧、驕，這些都是我們人不想要的，為什麼帝王反而用這些字來起名呢？其實，當帝王稱呼自己叫這些令人厭惡的名字時，他就把他真正顯化於外的「陽」給抱到懷裡、藏在心裡了，

刻意呈現出「鰥、寡、孤獨、殘、貧、驕」這種負面的東西，自己就能長久。

滿招損，謙受益，陰陽之理

所以一般人如果在現實中發大財或才名遠揚於外，就該知道收斂了。這道理跟《書經·大禹謨》寫的「滿招損，謙受益」相同。當我的名、利與才華已經滿出來了，這時候就會開始「損」了。因為，任何事物都是一樣的，當滿到了不能再滿的程度，就會溢出來；一旦溢出來，就等於整個事態顛覆、來個大反轉了。這時，原本滿滿的名氣、財富就整個傾覆，一下子啥都沒有，這就是我們常說的「物極必反」。「物極必反」是陰陽的定律。

你在自己的名利達到鼎盛巔峰的時候，還能夠注意要適度收斂、隱藏嗎？我們都知道，伴君如伴虎，。歷史上有很多公卿大夫往往在剛立下大功之後，就馬上向朝廷、向皇上下折子罪己，說自己有什麼罪行、有什麼問題，請朝廷、皇帝來懲罰我。往往這種人在官場才能走得長久。

比如，曾國藩就是非常典型的例子。曾國藩滅了太平

天國，拯救即將傾覆的大清帝國。你看，這是多大的功績！尤其當時曾國藩手握雄兵百萬，要想推翻清政權豈不是很容易嗎？但是，曾國藩一滅了太平天國，馬上就把兵將全都遣散回家，並且向朝廷上奏自己要告老還鄉，說我無功無德之類的。這就是什麼？滿了就得抱，這樣才能保長久。這就是我們學道德經，按照大道的運行規律來行事，這就是智慧。

比如范蠡，他一生為三軍統帥，帶領著越國把當時的春秋霸主吳國給滅了。滅吳國以後就馬上掛印，隱姓埋名，暢遊五湖。對於自己創下的豐功偉業，不居其名也不居其功，所以才能活得長久。而他的好朋友文種捨不得事業，結果被越王勾踐用一杯毒酒給毒死了。戀棧就都不符合道，不符合道就無法長久。

所以，我說《道德經》是講給帝王跟成功者講的。我們這些普通人學《道德經》，學這個內容可別學反了！特別當你現在既無名也沒利的時候，得反著看這部經典字面上的意義。《道德經》這部經典一定要學得靈活，別不經思考地就斷章取義地僵硬亂套，這會收得反效果！

掌握損益的平衡，方能長久

【故物或損之而益，或益之而損】。這句話字面上的意思是：因此，某一樣事物在哪方面不足，就要在那方面進行補強；若某方面非常優越了，那就要稍稍減弱該方面的表現。

不足之處就要去增加、補強。你看帝王，帝王的人生太圓滿了。在健康方面享有最好的醫藥資源，全國的人都服務帝王的身體。如果帝王想要美滿幸福，那麼，全天下女人都是他的，再多孩子都能生。帝王統治的是天下，全天下的財寶、財富全是帝王的。所以，對帝王來講的話，人生實在是太圓滿了，這就叫做「溢」，已經太多了，所以就必須「損」。我們必須得要注意陰陽的定律，什麼事都不能追求太圓滿，到了太圓滿的時候就必定會物極必反。那麼，這個時候該怎麼辦？一定要「損」。所以，帝王自稱孤家寡人，說「我不是好人」，這樣子就是「益之而損，損之而益」。我缺了什麼就去加什麼。對帝王來講，你說帝王缺什麼？帝王啥都有了，哪還缺什麼？有的，帝王缺的就是帝王擁有的那些名利、才華、健康、長壽等等的背面，這就是帝王缺的。

帝王擁有的都是美好、完美的那一面。當你這一面全部都已經有了，你是不是就缺它的背面？這個就叫做「物或損之而益」：我缺這一面，我就得增加、增強這一面。

所以，帝王稱孤道寡，就是這種智慧。帝王有啥？幸福他有，他是國家天下百姓的主宰，大家全都被帝王所用。所有的人都圍在帝王身邊。帝王自稱「孤」，因為帝王身邊的人太多了。如果帝王想要美女，全天下女人哪個不是帝王的呢？就是因為太多了，所以帝王要自稱「寡人」。這就是「物或損之而益，或益之而損」的智慧。

我們在現實中能做到這點嗎？當我成了首富，能否隱藏自己的財富（也就是收斂）？能不能給自己或給自己兒子起個「小窮」之類的賤名？我們要注意，取賤名並不僅是命名的問題，而是背後有一整套的社會體系。為何古今中外都有類似「富不過三代」的諺語？你看，大富的家族有沒有傳承超過三代的？大貴的世家能維持鼎盛權勢的，超過三代的也少。為什麼？真的不能超過三代嗎？其實，也有家族能夠富貴相傳超過十代的，只不過那是鳳毛麟角，非常稀少。

我們從「富不過三代」這句諺語就能看出「物或損之

而益，或益之而損」的這個規律。為什麼富不過三代呢？因為有了富，然後又彰顯天下，天下人都知道了他家極有錢，這樣的財富絕不會傳承超過三代。就看現在所謂的首富，沒有一個的富能超過三代的。那些能富有超過三代的家族，一定都是特別內斂低調的，而且是愈富有就愈低調，讓人看不出他的家底。只有當外人看不清你到底有多麼富的時候，你的巨富才能代代相傳。一旦某一代子孫因財富而露了臉、曝了光，這樣的財富也就傳不過三代了。

所以，真正的家訓傳的是什麼？傳的就是這類智慧：低調收斂。愈是富貴就愈要低調收斂。這樣才能保證長久。所謂「國之利器不可示人」，不管是財富或才能都是如此。那些才華橫溢的天才，如果不知收斂，最後也都不得好死，這是必然的道理。

第四節　柔弱生之徒，老氏誡剛強

　　我們一開始就說過《道德經》是怎麼來的，《道德經》根本不是老子的創作。

　　《道德經》裡面的智慧，其實是上古聖人透過上古經典而流傳在人間的語錄。那些上古經典後來散落民間，最後又匯聚到周王室的圖書館。老子就是從這些典籍當中知道了聖人對於宇宙真相及宇宙運行規律的把握跟運用。所以，如同中國古代所有聖賢者，像老子、孔子等編纂經典，全都遵循著「信而好古，述而不做」的原則，所流傳下來的。

老子要人間強者先戒除剛強

　　【人之所教，亦議而教人】。「人之所教」的意思是：上述這些都是上古聖人教我們的理。「議」通「意」，在這裡是「意志」的意思，也就是道之理。「亦議而教人」是指：上面這些道理都是上古聖人教我的，然後我又把這樣的道理拿出來教化大家。

　　這句「人之所教，亦議而教人」非常重要，為我們點

出了《道德經》的出處。《道德經》五千言，並不是老子看了很多書之後，然後把自己的思想總結之後所寫的原創作品。而是將上古之聖人教給中原人民的，透過聖人傳下來的，並不是老子自創的，只是老子記錄而已。因此，這點在這句「人之所教，亦議而教人」也獲得了印證。

【強梁者不得其死，吾將以為學父】。這句話的「父」是指什麼呢？「父」就是開端。我們都來自父母，這裡說父或母，其實都是同一個道理，都是開端的意思。「吾將以為學父」的意思就是：這是我學習的開始。從哪裡開始學？就是上半句的「強梁者不得其死」。如果你太強大、太剛硬，就會不得好，就會死得很快。

我們每個人都想要變得更強更大，在現實中追求的都是至剛、至硬、至堅、至固與鋒利。我們都想長久，卻又同時想要至剛。但是，如果時時表現出只有你最厲害的樣子，沒長久你就會應了老子說的這句「剛者易折」。最剛硬的東西，往往一摔就直接碎裂了。所以，「強梁者不得其死，吾將以為學父」這句話是說，我們就從這句「強梁者不得其死」開始學習道。

從陰柔之理來領悟天道規則

那麼，我們從這句「強梁者不得其死」能悟出什麼呢？柔弱，小、退、收斂……都是陰柔屬性的事。老子說自己就是從這裡開始領悟道之理，所以也用這樣的智慧來教導世人。我們要永遠記住這點：「強梁者不得其死」，同時也要從這個概念開始領略天道、真理。

別忘了，《道德經》的內容是針對什麼樣的人寫的？是針對世間最優秀的人與強者。我要在這裡重申這一點：《道德經》的目標讀者並不是普通的庶民，因為普通人欠缺高遠的志向，也沒有才華，即使學了《道德經》也不具任何意義。因為普通人的表現本來就很弱、很柔了，事事都謹小慎微、貪生怕死，做不了什麼事。這種人學了《道德經》，是要學得更柔更弱嗎？還是說，你覺得「柔弱勝剛強」，所以要向柔弱看齊？

但要知道，「柔弱勝剛強」這句話是有前提的，如果你從來都不曾剛過、從沒強大過，憑什麼柔弱？很多人學道，學到最後都變成避世、把自己搞成阿Q了。如果阿Q也學《道德經》的話，那會是怎樣的情景？阿Q本來在縣

城受盡欺凌，天性就特別地柔弱，然後因為學了《道德經》突然發現自己很符合道：「我這個性軟得像水似的，上善若水，我就像水那麼地柔⋯⋯」錯了！阿Q你可不是什麼「上善若水」！人家講的對象都是「強梁者」「王公」這種已經稱王稱帝、在人世間高高在上的菁英。這群菁英，本身就是很耀眼的存在，所以他們應該要掌握陰柔的智慧，學著收斂。但是阿Q你本來就是個黯淡無光的小人物，從沒發光過，你收什麼斂？從物極必反的角度來講，一個人如果平時就很柔弱，學了《道德經》之後，就要開始使自己變得剛強起來、努力使自己強大起來。當強大到一定程度了以後，再回過頭去收斂。

此外，我們也不能拿「強梁者不得其死」這句話去罵人家。別人開豪車、住豪宅，甚至是某一地的首富，然後你自己租房子租不起，只能住茅草房，看到人家過得好就心生不平，然後就在那裡罵「強梁都不得其死！你不得好死！那些發財、當大官的都不得好死！」像這樣把經典上的智慧予以斷章取義，還拿來當成詛咒人的惡言惡語，絕對是最糟糕的應用了！這是不可以的。

　　所以，沒有大志向的人、沒有才華的人、秉性就不是上根的人，千萬不要學《道德經》。因為學了也沒什麼好處。

　　我們不能說《道德經》說的不對。人家《道德經》針對的就是王公將相，鎖定的讀者就是人間的至尊。《道德經》要教這種領袖如何維持政權長久，好讓人間能夠保持平安；《道德經》要教這些在精神上昇華，好讓他們能為普羅大眾起到示範作用。人家《道德經》教的是這些內容！你一個連在現實生活都無法自飽的屌絲，談什麼昇華、談什麼精神領域！先努力把飯吃飽，在物質生活方面先滿足基本需求了，再來思考該如何修道。當然，有些人在物質方面獲得滿足之後，就會飽暖思淫慾。但是，修行人則是在確保俗世生活無虞之後，反而更能安下心來修行，在精神領域不斷地昇華。

　　人就是兩條路；沉淪或昇華。不管走哪條路，首先要做的就是確保形體方面的基本需求。人不能處於缺衣少食的狀況還天天想著修行，這樣子還能修什麼？只要餓個10天就被餓死了，還修什麼？所以，修行要安貧樂道，但我

們可不要錯解了「安貧樂道」這四個字。「安貧」可不代表自己沒有能力養活自己與家人，那是貧窮，不是「安貧」。所謂的「安貧」，反而在有錢人身上更能獲得實現。一個身家萬貫的人，平日少思寡欲，清靜淡泊，這種人為了追求精神領域的昇華而能夠安於清修，這才是「安貧樂道」。有萬貫身家的人，有能力去不斷滿足各種欲望，也能輕鬆滿足形體上對於奢侈與豪華的欲求；但是，這種人雖有能力墮落，卻願意逆向選擇清簡的生活方式，這就是「安貧樂道」。

　　我們必須釐清安貧與貧窮在本質上的不同。否則，學《道德經》就有可能學偏、可能學邪。這就是《道德經》第四十二章給的提示。

第八章

柔弱克剛強，無為勝有為

——《道德經》第四十三章

要知道，柔能克剛，

「無為」有時比「有為」更具成效。

但全天下沒幾個人能理解得如此深、看得如此透徹，

這就是道！

第一節 以柔克剛，陰陽消長與轉化

《道德經》第四十三章

【天下之至柔，馳騁於天下之至堅，出於無有，入於無間。吾是以知無為之有益也。不言之教，無為之益，天下希能及之矣。】

《道德經》第四十三章探討了至柔、至堅這組對立在人間的體現與應用。其實，第四十三章也如同前面幾章一樣，都在講述陰陽彼此對立、此消彼長的微妙關係；同時也暗喻了人們該如何將大道的智慧應用在世俗的人事層面。

唯有柔弱，才有可能克剛強

【天下之至柔，馳騁於天下之至堅】。所謂的「至堅」就是全天下最堅硬的東西，能夠克服一切萬物，是宇宙中最厲害、最堅硬也最強大的。但是，這樣的「至堅」反而能被「至柔」之物克服。

這是什麼理呢？比如石頭，如果拿兩顆硬度很高的石頭來場硬碰硬，用力敲砸彼此，未必能砸出一個勝負，還

很可能導致兩敗俱傷。堅硬的石頭不怕同樣堅硬的石頭，反而怕天下「至柔」的水滴。成語「水滴石穿」說的就是這個理。別小看輕柔又沒啥力量的小水滴，如果水滴一點一點地磨這顆石頭，磨個千年、萬年，最後也能鑿穿「至堅」的巨石。

「至堅」就是「至剛」，這種屬性的優勢就在爆發力強、速度快，能在瞬間湧現最多的力量。當兩軍對峙，如果其中一方比較剛強，就能一下弄死對方。但是，如果剛強方的爆發點被拖延住了，強大的力量就會被時間給消磨掉。又好比小水滴與大頑石的對立，當水滴一點一滴地往下落，即使每一滴都非常地輕柔，但只要落下的位置不變，即使這顆石頭非常堅硬，經過了千年萬年，連細小的水滴都能擊穿大石。這就是「天下之至柔，馳騁於天下之至堅」的一例。

小草與巨石也是一組陰陽對立。你說大石頭重不重？常人都無法撼動的大石頭，居然能被一棵小草給托起來！你說小草柔不柔？小草是最柔弱、卑小的存在，但我們往往能看到野草被堅固、沉重的石頭給壓在底下，但小草最後都能破石而出。甚至，連一顆種子發芽的力量都能把石頭崩裂。

這類例子在自然界比比皆是。至柔之物同時也擁有至剛之力；最柔弱、卑小的存在，同時也潛藏著最為強大的力量。最剛強者，同時也擁有非常柔弱的一面。乍聽很矛盾，但這就是道，這就是理！

要想克制至剛的人事物，就必須靠至柔之物。比如，秦末的軍事家項羽就是至剛的人物。項羽自封西楚霸王，他也確實無愧這個名號。項羽「力拔山兮氣蓋世」，是古今中外天下的大英雄。這樣的英雄一輩子誰也不服，就只服一個人——虞姬。虞姬不過是個柔弱的女人，卻能降服項羽這位蓋世英雄。

你看歷史上那些強大的男人，身邊都有女人。當男人靠著剛強與努力統一了這個世界，最後卻會被一個女人用她的至柔之力給拿下來。可以說，女人就是透過這種「至柔」的力量來統一世界。俗話說：「女人通過征服男人來征服世界」，這就是「馳騁於天下之間」的另一種展現。這就是道，這就是理！

同樣道理，我們也別瞧不起現實中那些身處社會最底層、最貧困的弱勢族群，也別瞧不起那些個性卑微、柔弱

的人，誰知他們將來會不會來個階級翻身或迸發出意想不到的能量？反之，我們也不必對那些強者就給予特別的尊崇。要知道，即使是強者，也有強者的弱點。所以，面對任何人事物的時候，態度保持中庸即可。

柔弱卑微，才能夠無所不在

【出於無有，入於無間】。這句闡述了「至柔」的來源與應用的智慧。

「至柔」來自哪裡？「至柔」就像水一樣地無所不在。再雄偉的大山、再堅硬的岩石，裡面都蘊含著水。你說，「至柔」看不見也摸不著，但水還摸得到、看得見；那麼，我改用另一組譬喻來說明吧！我們都認為人類是萬物之靈、是地球最強大的生物，沒有哪種生物能治得住人——但是，摸不著也看不見的細菌與病毒卻能把人類全給滅了。細菌與病毒這種微生物可說是天下之至柔、至弱了，我們只要拍一下手、噴個消毒液，就能殺死億萬個細菌或病毒，但他們才是能滅絕人類的超級剋星！綜觀近百年來人類與病毒、病菌的醫學拉鋸戰，就應驗了這句「出於無

有，入於無間」。

　　只有至柔之物才會無處不在。愈剛強的東西就愈凝聚，反而無法分布得很廣。因為，只要一廣大了，就會變得不剛、不強。這道理就像水的三態（冰、水與水蒸氣）相同。密度最高的冰，質地很堅硬，但冰塊就無法像同重量的水蒸氣一樣地充斥整個房間。任何事物都是一旦剛強過了頭，就會逆轉地變成至柔。只有至柔之物才能變得無所不在，也就是「入無間」。如果至剛之物變成無所不在、分布極為廣泛，其實東西早已從至剛變成至柔了。反之，如果至柔之物凝聚起來，同樣也能變得既剛且強。

　　簡言之，這句「出於無有，入於無間」就在闡述柔與堅的關係。我們要知道這個理，並學會運用。

第二節　行有為之事，持無為的原則

　　整部《道德經》都在講述陰陽之理，裡面有著大量的列舉與譬喻。曾有讀者問我：「老師，《道德經》每章都在講陰陽的消長與轉化，我們已經明白什麼是陰陽之理了，為什麼老子還要沒完沒了地寫了一組又一組的譬喻？」這些反覆列舉的譬喻，目的就是要讓人在研讀過程中逐步地改變思維模式。

往復循環，這才能構成整體

　　《道德經》第二十二章曾提及「曲則全，枉則直」的概念，我們看人、看物、看整個世界，都不可以採用直線的思維。因為，直線思維是單向的，頂多只能看到事物的其中一個點，無法窺見全貌。所以，我們必須讓思維的發展過程便成一條循環的路線。

　　那麼，怎能讓一條直線變成循環路線呢？我們都知道，地球是圓的，地表帶有弧度，如果你直直地往前走，不管遇到高山還是大海仍朝著同個方向地筆直前進，最後

必定會回到原點，這就形成了一個循環，這才是一個整體。

所以，學《道德經》就是在訓練一個人的思維模式。學了《道德經》以後，思維模式一變、我們的判斷模式與行為模式也會跟著改變。如此一來，再去看待任何的人事物、判斷事物發展的時候，就不會再是單向性地直線思考了，而是懂得從正反兩面、整體，更周全地觀察與衡量。

柔與堅是一體兩面，如同水

【吾是以知無為之有益也】。這句說，「無為」至柔至弱，看似無形無相，反而有大利。我們不可因「無為」弱柔而看不起它；因為，至柔就是至剛、至堅的另一面。

至柔就是至剛、至堅的另一面；反之，至堅者的背面也就是至柔。柔與堅是一體的；所以，至柔才能夠破至堅。

人做事就是一種「有為」。我們做事的時候也要把握這這個「無為」的原則。什麼叫做「無為」的原則呢？我既不偏向「至堅」地有為，也不偏向「至柔」地有為。我該堅定、剛強的時候，比誰都堅定、剛強；該柔的時候，比任何人都能彎得下腰、更謙卑。那麼，這樣做就像水一樣。

　　水的特性是什麼？水無形無相，隨順眾生。山間溪澗，為了避開山體而繞道。水也能適應不同容器而改變自身的形狀。不管是拿一個盆或痰盂來裝水，水都沒問題！甚至拿一個盆地或大海去容納水，那也沒問題！能縮能伸，隨順眾生，這就是至柔的一種展現。

　　別忘了每種事物都是有陰必有陽！所謂的至柔，同時也是天下之至堅。如果給水施加足夠的壓力，這水沖出來就能破掉天下之至剛。比如，水刀這種切割工具就是將清水加壓，然後讓水流從細小的噴嘴裡沖出。沖出來的這股水柱比刀片還要鋒利，能平整地切開高硬度的石頭或金屬。這水刀的威力已遠遠超過能夠穿石的水滴了。滴水穿石需要千年萬年以上的時間去消磨掉石頭的至剛，水刀卻可在瞬間就展現出比石頭還堅硬、更犀利的至剛至硬之力。如果說，水是「無為」之物；那麼，用水刀來切割大理石或鈦合金等硬物，就是一種「無為而無不為」了。

　　【不言之教，無為之益，天下希能及之矣】。關於「不言之教」，我們前面曾講過，教化眾生就是行「不言之教」，也就是一種「無為」之事。為何老子要把教化眾生

之事視為「無為」之事呢？就是因為「天下希能及之矣」：天下眾生沒幾個人能夠真正透徹地理解這個道理，能理解的人實在是太少了！

我們都是這樣：一看到至剛之物，就以為對方非常地堅固，特別地強大，從而興起崇拜羨慕或恐懼之心；一旦看見對方又弱又小，就升起嬉戲、侮辱、想欺負對方的想法。這就是人性！而且，全天下沒幾個人能理解得如此深、看得如此透徹，這就是道！

先「至堅」，然後再變成「至柔」

老子在這裡又再次強調：「道是什麼樣的存在？」但這裡我們要注意的是，並非「天下之至柔」都必然能夠「馳騁於天下之至堅」。「至柔」要能勝過「至堅」是有前提的：首先，你得成為「至堅」，然後再變成「至柔」，最後才能克服另一個「至堅」。如果你一直都是「至柔」，從未達到「至堅」的境界，那你現在啥也不是，就別奢望自己哪天能去制服、力壓另一個「至堅」了。這就是前面提過的「負陰而抱陽，沖氣以為和」。我們必須要先剛強起來，然後

學著收斂；等待需要的時機再徹底發揮積纂多時的實力。

以人為例。如果在還沒有變強大之前就開始學著收斂，沒完沒了地變得更柔弱、謙卑，最後還是落了個死地。因為，誰都能弄死你。如果你很柔弱，為了擺脫被欺侮的命運而自立自強。等增強到了某個程度就要學會收斂、隱藏，否則，就等著被至剛者消滅。這也就是前面提過的「強橫者不得死」。

所以，我們一定要搞清楚這當中的區別，千萬別走極端！學《道德經》最忌諱斷章取義，看到老子頻頻告誡大家要學會柔弱、內斂或自隱，結果就不經思考地一昧朝著柔弱、收斂的方向去發展，即使自己有很多優點卻半點也不張揚；結果，把自己整成啥也不是的尷尬局面。你說，一個人再有能力、再有才華，卻從不發揮，誰會知道你有能力、有才華？

《道德經》教導的智慧是：先彰顯自己的才能、才華讓別人知道，然後再收斂鋒芒。你必須要先達到了一定高度再開始收斂，如果你還在最底層掙扎，收什麼斂！所以，在力爭上游的時候，該張揚就必須張揚，該積極尋找時機就要

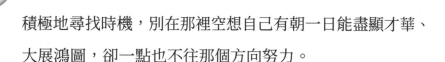

積極地尋找時機，別在那裡空想自己有朝一日能盡顯才華、大展鴻圖，卻一點也不往那個方向努力。

還有，宣傳、展示自己的優點並不等同自我炫耀、自以為是，而是很正面的事。但如果大家都已經知道你的優點了，比如，你很有錢或是很有才華，卻還不斷去宣揚自己的財富或才華，這就成了自我炫耀、自以為是。一旦你的優勢過了頭，就會逆轉，變成了缺點。所以，學《道德經》一定要釐清箇中差異。

筆記 notes

筆記 notes

筆記 notes

筆記 notes

范明公解密 道德經 ④
明公啟示錄 ——從帛書《老子》領略人生的取捨與平衡

作者／范明公
出版贊助／劉成
文字編輯／張華承
執行編輯／李寶怡
封面及版型設計／廖瓊玟
美術編輯／廖又頤
企畫選書人／賈俊國

總編輯／賈俊國
副總編輯／蘇士尹
編輯／高懿萩
行銷企畫／張莉滎、蕭羽猜、黃欣

發　行　人／何飛鵬
法律顧問／元禾法律事務所王子文律師
出　　　版／布克文化出版事業部
　　　　　　台北市中山區民生東路二段 141 號 8 樓
　　　　　　電話:(02)2500-7008　傳真:(02)2502-7676
　　　　　　Email:sbooker.service@cite.com.tw
發　　　行／英屬蓋曼群島商家庭傳媒股份有限公司城邦分公司
　　　　　　台北市中山區民生東路二段 141 號 2 樓
　　　　　　書虫客服服務專線:(02)2500-7718;2500-7719
　　　　　　24 小時傳真專線:(02)2500-1990;2500-1991
　　　　　　劃撥帳號:19863813;戶名:書虫股份有限公司
　　　　　　讀者服務信箱:service@readingclub.com.tw
香港發行所／城邦(香港)出版集團有限公司
　　　　　　香港灣仔駱克道 193 號東超商業中心 1 樓
　　　　　　電話:+852-2508-6231　　傳真:+852-2578-9337
　　　　　　Email:hkcite@biznetvigator.com
馬新發行所／城邦(馬新)出版集團 Cité (M) Sdn. Bhd.
　　　　　　41, Jalan Radin Anum, Bandar Baru Sri Petaling,
　　　　　　57000 Kuala Lumpur, Malaysia
　　　　　　電話:+603- 9057-8822　　傳真:+603- 9057-6622
　　　　　　Email: cite@cite.com.my
印　　　刷／韋懋實業有限公司
初　　　版／2022 年10月
定　　　價／新台幣 300 元
ISBN ／ 978-626-7126-77-6(平裝)
EISBN ／ 9786267126783 (EPUB)